중국어 문법에
관한 대담

语法答问

중국어 문법에
관한 대담

주더시朱德熙 지음·이선희 옮김

學古房

서문

원래는 중국어를 그다지 잘 이해하지 못하는 외국인이나 문법을 잘 모르는 중국인을 위해 통속적이고 짤막하게 이 책을 쓸 계획이었다. 그리고 집필 목적도 일부 논쟁이 되는 기본개념과 관점에 대해 분석하고 평론하고자 하는 데 있었다. 그런데 집필할 때가 되어서야 비로소 애초에 생각했던 것과 같이 통속적으로 써서는 안 되겠다는 생각이 들었다. 만약 그렇게 쓰게 되면 많은 이론들을 명확하게 설명할 수 없기 때문이다. 그렇다고 너무 복잡하게 쓸 수도 없는 것이 전문가에게 보이고자 하는 것도 아니기 때문이다. 이로써 이 책은 결국 어중간해져서 이도저도 맞지 않는 모양새가 되어버렸다.

문법서에는 두 종류가 있다. 하나는 언어 자체의 사실을 설명하는 데 치중한 것이고, 다른 하나는 이론과 방법을 논하는 데 치중한 것이다. 이 책은 언어 자체의 사실에 대해 그리 많이 언급하지도 않았고, 더욱이 무슨 대단한 이론이 있는 것도 아니다. 이런 점에서 이도저도 아니라고 하는 것이다.

이 책에서 복문은 언급하지 않았는데, 왜냐하면 복문에 관한 문제는 이미 다른 책(『문법강의(语法讲义)』, 1982, 商务印书馆)에서 논의하였으므로 여기에서 또 다시 대화 형식으로 바꾸어 말할 필요는 없기 때문이다.

    이 책에서는 목적어와 보어 앞의 동사성 성분을 술어(述语)라고 부르기로 한다. 구를 어떤 때는 통사구조(句法结构)라 하였기 때문에 주술구조와 주술사조, 술목구조와 동목사조 등은 같은 의미이다. 이외에 통사성분(句法成分)은 곧 일반 책에서 말하는 문장성분을 말한다.

저자
1983년 8월 무더위 속에
베이징 서쪽 교외 중관춘에서 쓰다

한국어 번역본 서문

주더시(朱德熙) 선생님의 『语法答问』 한국어 번역본 출판에 즈음하여 역자인 이선희 교수가 나에게 서문을 부탁하였는데, 이는 아마도 내가 주 선생님을 매우 존경하고 그의 학술적인 공헌을 체계적으로 평가한 글(『주더시 선생의 가장 중요한 학술 유산(朱德熙先生最重要的学术遗产)』, 『언어교학과 연구(语言教学与研究)』 2011년 제4기)을 쓴 적이 있기 때문일 것이다. 주 선생님은 생전에 직접 『语法答问』 일본어 번역본의 서문을 쓰셨는데, 그 중심 관점은 중국어 문법연구가 인도유럽어 문법관의 속박으로부터 벗어나야 한다는 것이었다. 나는 이 기회를 빌려 내가 이해하고 있는 주 선생님의 두 가지 중요한 관점과 방법론을 한국의 동료 연구자들에게 간단히 소개하고자 한다.

첫 번째 중요한 관점은 중국어 문법은 구를 본위(本位)로 해야한다는 점이다. 이는 '중국어의 문장이란 무엇인가'라는 근본적인 문제와 관련된다. 인도유럽어의 문장은 주어와 서술어 두 부분으로 이루어지며, 둘 중 하나라도 없어서는 안 된다. 반면 중국어는 주어가 없는 문장도 정상적인 문장이고, 주어와 서술어의 조합 자체가 문장의 서술어가 될 수도 있다. 중국어에서 문장의 범주를 확정함에 있어 주어나 서술어의 유무는 결코 중요하지 않다. 중요한 것은 휴지(休止)

와 억양이다. 구에 일정한 휴지와 억양을 첨가하면 문장이 된다. 이러한 관점은 자오위안런(趙元任) 선생님의 『중국어의 문법(中国话的文法)』 속의 관점과 일치하는 것으로, 전통적인 문장관의 한계를 뛰어넘은 것이다. 그러나 주 선생님은 이러한 인식을 바탕으로 한 걸음 더 나아갔다. 주어가 없는 문장도 정상이고 주술구조도 서술어가 될 수 있기에, 중국어에서 주술구조의 지위는 다른 구조(동목 구조, 관형어 수식구조, 병렬구조 등)의 지위와 '완전히 동일한 것'이라고 하였다. 이것은 인도유럽어에서 지위가 상당히 중요한 주술구조가 중국어에서는 특별히 중요한 지위가 아님을 명확하게 보여준다.

두 번째 중요한 관점은 중국어의 동사는 주어나 목적어가 될 때에도 그대로 동사이지, 결코 '명사화'되지 않는다는 것이다. 인도유럽어에서 명사는 주어나 목적어가 되고 동사는 서술어가 되는데, 동사가 주어나 목적어가 될 때는 동사를 명사화하여야 한다는 것이 당연한 일이다. 주 선생님께서는 이 전통관념을 대담하게 뛰어넘었다는 점에서 의의가 매우 크다.

주 선생님께서 전통 관념을 극복할 수 있었던 까닭은 중국어 자체의 실제 상황을 존중하고 소박한 안목으로 중국어를 바라본 것 외에도 두 가지 방법론적인 고려가 있었기 때문이라고 나는 생각한다.

주 선생님이 견지하신 첫 번째 방법론의 원칙은 모든 과학에서 반드시 준수해야 하는 방법론, 즉 '간결성 원칙'으로 꼭 필요한 경우가 아니면 덧붙이지 않는다는 것이다. 중국어의 동사는 절대 다수가 주어나 목적어가 될 수 있으므로 이때 굳이 명사화되었다고 말하는 것은 불필요할 뿐 아니라 간결성 원칙에도 어긋난다. 따라서 간단하게 중국어 동사는 원래부터 서술어도 될 수 있고 주어, 목적어도 될 수 있다고 말해야 한다. 최근 중국어 문법학계에서는 중국어 품사문제에 대해 새로운 사고를 하게 되었고, 특히 명사와 동사의 관계에 대해 새롭게 인식하게 되었는데, 이는 주 선생님께서 제기한 위의 관점과 밀접한 관계가 있다.

두 번째 방법론의 원칙은 '구조의 평행성 원칙'이다. 예를 들어 '我想家(나는 집이 그립다) - 我想吃(나는 먹고 싶다)', '我怕爸(나는 아빠가 무섭다) - 我怕打(나는 맞는 것이 무섭다)', '我爱马(나는 말을 좋아한다) - 我爱骑(나는 타는 것을 좋아한다)'라는 세 쌍의 어구는 구조적으로 평행을 이루고 있는데, 이는 동사 '吃(먹다), 打(치다), 骑(타다)'가 명사화되지 않고도 명사 '家(집), 爸(아빠), 马(말)'와 마찬가지로 목적어가 될 수 있음을 증명한다. 주 선생님은 '구조의 평행성'을 모국어 화자들의 어감의 근원으로 간주하여 문법범주와 문법체계를 확립하는 중요한 근거로 삼았다.

『语法答问』은 비록 얇은 소책자에 불과하지만 그 학술적인 가치는 매우 높아, 중국어 문법 연구사에 반드시 기록이 남을 것이다.

이상은 『语法答问』을 읽고 연구하면서 마음속으로 느끼고 체득한 나의 소감인데, 이를 한국의 학자들과 공유할 수 있게 되어 기쁠 따름이다.

2018년 5월
선쟈쉬안(沈家煊)

韩译本序

朱德熙先生的《语法答问》翻译成韩语出版，译者李善熙教授让我给写个序，这大概是因为我写过一篇系统地评价朱先生学术贡献的文章(《朱德熙先生最重要的学术遗产》，发表在《语言教学与研究》2011年第4期上)，而且十分推崇朱先生。朱先生生前曾自己为《语法答问》的日语译本作序，中心意思是汉语的语法研究要摆脱印欧语语法观念的束缚。我想借此机会把我认识到的朱先生的两个重要观点和两个方法论上的考虑，向韩国同行作一简单介绍。

第一个重要观点是，汉语语法以词组为本位。这关涉"什么是汉语的句子"这个根本问题。在印欧语里句子由主语加谓语两个部分组成，缺一不可，汉语没有主语的句子是正常的句子，而主语加谓语的组合本身可以充当句子的谓语。界定汉语的句子，有没有主语或谓语并不重要，重要的是停顿和语调，词组加上一定的停顿和语调就成为句子。这个观点跟赵元任在《中国话的文法》里的观点是一致的，突破了传统的句子观念。然而朱先生还在这个认识的基础上进了一步：既然没有主语是正常的，主谓结构又可以做谓语，他说汉语主谓结构的地位跟其他结构(如动宾结构、定中结构、并列结构等)的地位是"完全平等的"。这就明确表示，在印欧语里地位十分重要的主谓结构在汉语里并没有特殊重要的地位。

第二个重要观点是，汉语的动词做主语或宾语的时候还是动词，并没有发生"名词化"。在印欧语里，名词做主宾语，动词做谓语，动词做主宾语的时候要名词化，理所当然，朱先生就是大胆突破了这个传统观念，意义显然十分重大。

我认为朱先生之所以能突破传统观念，除了尊重汉语事实、用朴素的眼光看汉语之外，还有两个方法论上的考虑。朱先生坚持的第一个方法论原则是任何一门科学都要遵守的"简单原则"：如无必要，勿增实体。既然汉语的动词绝大多数都可以做主宾语，说动词做主宾语的时候发生了名词化，那是多此一举，违背简单原则，应该简单地说，汉语的动词本来就既可以做谓语也可以做主宾语。最近汉语语法学界对汉语的词类问题重新加以思考，尤其对名词和动词的关系有了新的认识，这跟朱先生提出的上述观点有密切的联系。

第二个方法论原则是"结构的平行性原则"。举例来说，"我想家 - 我想吃"、"我怕爸 - 我怕打"、"我爱马 - 我爱骑"，这三组词语在结构上是平行的，从而也证明动词"吃、打、骑"跟名词"家、爸、马"一样可以做宾语，没有名词化。朱先生把"结构的平行性"看作人们语感的来源，看作建立语法范畴和语法体系的重要依据。

《语法答问》虽然是薄薄的小册子，但是它的学术含量是很重的，必将在汉语语法研究史上留下记载。以上是我个人研读《语法答问》的一点心得体会，很高兴能与韩国的同行们分享。

2018年 5月

沈家煊

　중국의 전통적인 언어학 영역에서 음운학, 문자학, 훈고학은 모두
빛나는 성취를 이룬 반면, 문법학만은 19세기 말 서양에서 들어왔다.
때문에 중국어 문법 연구가 초창기에는 인도유럽어(印歐语) 문법의
영향을 많이 받았다. 초기의 중국어 문법 저작은 대부분 인도유럽어
문법을 모방한 것들이다. 그러다가 1940년대에 와서야 비로소 일부
언어학자들이 인도유럽어의 속박에서 벗어나 중국어 자체의 문법규
칙을 탐색하고자 하였다. 그들이 의미 있는 노력을 많이 하였음에도
불구하고 여전히 오랜 기간 동안 인도유럽어 문법 관념이 중국어 연
구에 끼친 부정적인 영향을 제거하기는 어려웠다. 이러한 영향은 인
도유럽어 시각으로 중국어를 봄으로써, 인도유럽어에는 있지만 중국
어에는 없는 것들을 중국어에다 억지로 적용하고자 하는 데서 주로
나타난다. 1950년대 이래로 전개된 중국 언어학계의 품사 문제와 주
어·목적어 문제 및 문법분석의 방법 문제에 관한 토론만 돌아보아
도 이러한 영향이 얼마나 깊고 광범위하였는지를 어렵지 않게 발견
할 수 있다.

　이 작은 책자에서는 오랜 기간 동안 중국어 문법 연구에서 자주
논쟁을 일으켰던 문제에 대해 분석하고 평론하고자 한다. 필자는 이
들 논쟁 가운데 대부분은 인도유럽어 전통문법 관념의 영향을 받아
서 중국어 문법 본래의 면목을 제대로 보지 못함으로써 야기된 것이

라 생각한다. 만약 우리가 인도유럽어의 간섭에서 벗어나서 꾸밈없는 순박한 안목으로 중국어를 보았다면, 많은 논쟁은 사실 애초에 발생하지 않았을 것이다.

중국에는 '먼저 받아들인 것을 중심으로 삼는다(先入为主)'라는 성어가 있는데, 이는 선입관의 힘이 매우 큼을 의미한다. 우리 역시 여기에서 어떤 전통 관념을 비판하려 하는데 우리 자신도 부지불식간에 현재 이들 전통 관념의 지배를 받고 있는지도 모른다. 이는 물론 훗날 다른 사람이 바로잡기를 기다릴 수밖에 없는 노릇이니, 후세 사람들이 지금 사람들을 볼 때도 역시 지금 우리가 옛 사람들을 보는 것과 같다는 옛말이 딱 들어맞는다. 그렇지만 지금의 상황을 가지고 논해보건대, 앞을 향해 한 발걸음 내딛는 것은 어쨌든 좋은 일이다. 그것이 아주 작고 작은 한 걸음일지라도 말이다.

이 책을 대화 형식으로 쓴 것은 유진 나이다(Eugene A. Nida)의 『언어의 막간(Linguistic Interludes)』이라는 책에서 영감을 받았다. 유진 나이다의 책은 깊이 있는 내용을 쉽게 풀어놓아서 사람을 매료시킨다. 필자는 이 책을 비록 30년 전에 읽었지만 지금까지도 매우 깊은 인상이 남아 있기에, 그에게 감사의 뜻을 표한다.

궈량푸(郭良夫) 선생께서는 이 총서의 중국어판 편집을 주관하셨고, 우시지마 토쿠지(牛島德次), 이치지 요시츠쿠(伊地智善繼), 코

우사카 준이치(香坂順一) 세 분 선생께서는 이 총서의 일본어 번역본 편집을 맡아 주셨다. 이들 몇 분의 제의가 없었다면 이 책을 쓸 생각을 미처 하지 못했을 것이다. 이 책을 일본어로 번역하신 나카가와 마사유끼(中川正之) 선생과 기무라 히데키(木村英樹) 선생은 나에게 일본어 번역본 서문을 부탁하면서 일본 독자들과 직접 대화를 나눌 기회를 주셨다. 삼가 이 분들에게 감사의 뜻을 표한다.

주더시(朱德熙)
1984년 1월

日译本序

    在中国的传统的语言学领域里，音韵学、文字学、训诂学都有辉煌的成就，只有语法学是十九世纪末从西方传入的。所以汉语语法研究从一开始就受到印欧语语法的深刻影响。早期的汉语语法著作大都是模仿印欧语语法的。一直到本世纪四十年代，才有一些语言学者企图摆脱印欧语的束缚，探索汉语自身的语法规律。尽管他们做了不少有价值的工作，仍然难以消除长期以来印欧语语法观念给汉语研究带来的消极影响。这种影响主要表现在用印欧语的眼光来看待汉语，把印欧语所有而汉语所无的东西强加给汉语。只要回顾一下五十年代以来中国语言学界关于词类问题、主宾语问题以及语法分析方法问题的讨论，就会发现这种影响有多么深广。这本小书打算就长期以来汉语语法研究中常常引起争论的问题作一些分析和评论。在我看来，这些争论里有很大一部分是由于受了印欧语传统语法观念的影响以致看不清汉语语法的本来面目引起的。要是我们能摆脱印欧语的干扰，用朴素的眼光看汉语，有许多争论本来是不会发生的。

    中国有一句成语叫"先入为主"，意思是说旧有的观念的力量是很大的。我们现在在这里批评某些传统观念，很可能我们自己也正在不知不觉之中受这些传统观念的摆布。这当然只能等将来由别人

来纠正了，正所谓后之视今，亦犹今之视昔。不过就目前而论，能向前跨一步总是好的，哪怕是很小很小的一步。

这本书采用对话的形式写，是受了 **Eugene A. Nida** *Linguistic Interludes* 一书的启发。Nida的书深入浅出，引人入胜。虽然是三十年前读的，至今还有很深的印象。我应该在这里向他表示谢意。

郭良夫先生主持这套丛书中文本编辑工作，牛岛德次、伊地智善继、香坂顺一三位先生主持这套丛书的日文本编辑工作。要不是有他们几位的建议，我不会想到写这样一本书。本书日译者中川正之和木村英树先生嘱我为日译本作序，使我有机会能跟日本读者直接谈话。谨向他们几位一并表示谢意。

朱德熙

一九八四年一月

역자서문

　이 책은 중국의 걸출한 교육자이자 언어학자 주더시(朱德熙) 선생님의 『语法答问』(商务印书馆, 1985)을 한국어로 번역한 것이다. 『语法答问』을 처음 접한 것은 20여 년 전이다. 중국에서 중국어 문법 연구에 관한 공부를 갓 시작할 즈음 많은 어려운 책들 가운데 얄팍한 소책자가 눈에 띄었다. 뜻도 모르고 무턱대고 읽던 그 책은 지금까지도 곁에 두고 가끔씩 들추어보는 친구가 되었다. 그러다가 한국어 번역본이 없음을 뒤늦게 알고 번역하기로 결심하게 된 것이 얼마 되지 않았다. 금세 번역서를 내놓을 수 있을 줄 알았는데 이리저리 미룬 탓에 이제야 마무리를 앞두고 있다. 사실 너무 늦게 한국어 번역본이 나왔다. 일본어 번역본이 1994년에 나온 이후 20년도 훨씬 넘었으니 말이다. 주더시 선생님께 서문을 부탁할 기회도 없어져 버렸다.

　『语法答问』은 앞서 1982년에 나온 『语法讲义』와 함께 중국어 문법학사의 한 획을 긋는 저서로 평가받는다. 이들은 현대언어학의 연구성과와 방법을 토대로 중국어 문법을 관찰하고 연구함으로써 주 선생님의 독창적인 견해를 보여주는 두 대표작이라 할 수 있다. 『语法讲义』가 중국어 사실에 대한 묘사에 좀 더 치중했다면, 『语法答问』은 언어이론과 연구방법에 대해 논리적인 대화형식을 통해 주 선생님의 견해를 밝히고 있다. 이로써 두 책은 상호보완적이다. 특히 『语法答问』은 문법형식과 문법의미를 결합해야 하며, 외국의 새로운 문법이론과 방법으로 중국어를 바라보아서는 안 되고 중국어 자체의 사실을 직시하여 소박한 안목으로 중국어를 바라보라고 조언하고 있다. 이 책은 이를 통해 바라본 진정한 중국어의 본모습을 보여주고 있다. 그의 이 따뜻한 조언은 오늘날까지도 국내외 많은 학자들의 연구에 그대로 살아있다.

번역을 하면서 그동안 중국 언어학을 공부하고 연구하는 사람으로서 이제야 이 역서를 세상에 내놓는 것에 대해 반성하는 마음이 들었다. 나에게 언어학의 즐거움을 보여주시고 흔쾌히 한국어 번역본 서문을 써주신 은사 선쟈쉬안 선생님께 먼저 깊은 감사를 드리고 싶다. 또한 책이 출판될 수 있도록 엉망인 원고를 깔끔하게 편집해주시고 출판을 허락해 주신 학고방 출판사 여러분 모두에게 감사드린다.

2018년 6월
이선희

목차

들어가는 말

　이 책에서 '주인'은 언어학자이다. 손님은 그의 동창이자 인문과학을 연구하는 학자이다. 동창은 연구의 필요성과 개인적인 흥미로 인해 주인에게 며칠 동안 저녁시간에 중국어 문법 연구에서 자주 논쟁을 야기하는 몇몇 문제에 대해 강의를 부탁하였다. 이 책은 이들의 몇 차례 토론을 기록한 것이다. 토론 내용을 조금 더 부각시키기 위해 논제와 무관하거나 관계가 적은 이야기는 기록하지 않았음을 밝힌다.

기록자

일러두기

본문 내용에서 괄호 안의 한자는 독자를 이해를 돕기 위해 표기한 해당 어휘의 중국어 간체자 표기이며 우리말 한자가 아님을 밝히고자 한다.

01

중국어 문법의 특징

손님 중국어 문법의 특징이 무엇인지 저는 정확히 잘 모르겠습니다. 오늘은 이에 대해 선생님의 의견을 듣고 싶습니다.

주인 특징은 비교를 통해서 드러납니다. 비교가 없으면 특징도 없습니다. 따라서 중국어 문법의 특징이 무엇인지 묻고자 한다니, 먼저 중국어를 어느 언어와 비교할 것인지 선생님께 여쭈어야겠군요.

손님 과거에 이 문제를 논의할 때 대부분 인도유럽어(印欧语)와 비교하였습니다. 지금 이 문제를 논의하는데 있어서도 역시 마찬가지일 듯합니다.

주인 중국어를 인도유럽어와 비교할 때 보통 두 가지를 이야기하니다. 하나는 중국어가 단음절 언어라는 것이고, 다른 하나는 형태가 없다는 것입니다.

손님 선생님께서는 이 두 가지 특징이 사실에 부합된다고 생각하십니까?

주인 만약 단음절 언어라는 것이 중국어의 형태소(morpheme)가 대부분 단음절임을 의미한다면, 이는 사실에 부합합니다. 또 중국어는 인도유럽어의 명사, 형용사, 동사에 나타나는 성, 수, 격, 시제, 인칭의 변화가 거의 없다고 한다면, 이 역시 사실에 부합합니다.

손님 일반적으로 중국어는 형태가 없기 때문에 어순과 허사가 매우 중요하다고 말합니다.

주인 이는 아주 모호한 표현입니다. 중국어는 어순이 특히 중요하다고 하면, 마치 인도유럽어는 어순이 그리 중요하지 않음을 암시하는 것 같습니다. 하지만 실제 상황은 그렇지 않습니다. 영어의 경우는 문장에서 단어의 위치가 상당히 고정적인 반면 중국어의 어순은 상당히 유동적입니다. 임의로 몇 가지 예를 들어보겠습니다.

(1) 我不吃羊肉。
나는 양고기를 먹지 않는다.

羊肉我(可)不吃。

양고기를 나는 먹지 않는다.

我羊肉不吃(吃牛肉)。

나는 양고기는 먹지 않는다.(소고기는 먹는다).

(2) 肉末夹烧饼[1]。

고기소를 사오빙에 넣다.

烧饼夹肉末。

사오빙에 고기소를 넣다.

(3) 你淋着雨没有?

너 비 맞았니?

雨淋着你没有?

비가 너를 적셨니?

(4) 他住在城里。

그는 시내에 산다.[2]

......

1) 역자주 : 烧饼 사오빙. 밀가루 반죽을 동글납작한 모양으로 만들어 화덕 안에 붙여서 구운 빵. '肉末夹烧饼'은 사용빈도가 비교적 낮은 표현으로, 문자적 의미는 '다진 고기에 사오빙을 넣다'이지만, 이는 상식에 어긋나므로 '고기소를 사오빙에 넣다'의 의미로 이해된다. 샨시(陕西)지역의 전통 특색음식인 '肉夹馍'도 '肉夹于馍'의 약칭으로 고기소를 빵에 넣은 것을 말하는데, 이는 '馍夹肉'보다 고기가 많음을 강조하는 표현으로 이해할 수 있다.

2) 역자주 : '他住在城里'와 '他在城里住', '他吃在食堂'과 '他在食堂吃'에 대해 각 쌍의 문장의 의미가 같은가의 문제와 관련하여 학자들의 견해는 일치하지 않는다. 본 역서에서는 이 두 문장의 의미차이를 구분하지 않기로 한다.

他在城里住。

그는 시내에 산다.

(5) 借给他一笔钱。

그에게 돈을 빌려주다.

借一笔钱给他。

돈을 그에게 빌려주다.

이러한 예는 아주 많습니다. 물론 중국어의 어순이 반드시 영어보다 자유롭다고 할 수는 없습니다. 하지만 그렇다고 반드시 영어가 중국어보다 더 자유롭다고 말할 수도 없습니다. 중국어 문법의 특징을 이야기할 때, 혹자는 중국어는 어순이 중요하다고 하면서도 문장 구성은 비교적 자유롭다고 말합니다. 그는 사실이 두 말이 상호모순임을 잊은 것입니다.

손님 중국어를 라틴어와 비교해보면, 아마도 라틴어의 어순이 중국어보다 자유롭다는 것을 인정해야 할 것 같습니다.

주인 맞습니다. '保罗看见了玛丽(폴이 메리를 보았다)'는 라틴어로 다음 여섯 가지 표현이 있습니다.

Paulus vidit Mariam.
Mariam vidit Paulus.
Paulus Mariam vidit.
Mariam Paulus vidit.

Vidit Paulus Mariam.

Vidit Mariam Paulus.

물론 중국어 어순은 이처럼 자유롭지는 않습니다. 하지만 라틴어에서 이 여섯 가지 표현은 어순만 다를 뿐 구조는 변함이 없습니다. 반면, 중국어에서 어순의 차이는 대부분 구조의 차이를 의미합니다. 이러한 시각에서 보자면 중국어의 어순이 인도유럽어보다 더 중요하다고 할 수 있습니다. 하지만 일반적으로 말하는 중국어는 어순이 중요하다고 하는 것은 이러한 의미가 아닙니다.

손님 그렇다면 중국어는 허사가 아주 중요하다고 하는데, 이 말은 사실입니까?

주인 이는 중국어는 어순이 중요하다고 하는 것과 마찬가지로 마치 인도유럽어는 허사가 중요하지 않다는 것을 내포하는 듯합니다. 하지만 사실은 이와 정반대입니다. 인도유럽어는 허사를 사용해야 하는 곳에 허사를 생략할 수 없지만 중국어 문장, 특히 구어에서 허사는 흔히 '생략'이 가능합니다. 다음 예를 봅시다.

(6) 买不起别买。(要是买不起就别买。)
살 능력이 안 되면 사지 마세요. (만약 살 능력이 안 되면 사지 마세요.)

(7) 没带眼镜看不见。(因为没带眼镜, 所以看不见。)
안경을 쓰지 않아서 안 보인다. (왜냐하면 안경을 쓰지 않았기 때문에 보이지 않는다.)

이것이 흔히 말하는 '의합법(意合法)'[3]입니다. 그 밖에 구어에서는 심지어 구조 관계를 나타내는 허사들도 생략이 가능합니다.

(8) 你擱桌上吧。(你擱在桌上吧。)
　　책상 위 두세요. (책상 위에 두세요.)

(9) 洗干干净净收着。(洗得干干净净收着。)
　　깨끗이 씻어서 보관한다. (깨끗이 씻어서 보관한다.)

손님 선생님의 말씀에 저도 동의합니다. 그렇다면 선생님께서는 중국어 문법의 진정한 특징은 어디에 있다고 생각하십니까?

주인 이것저것 모두 고려한다면 여러 가지가 있겠지만, 전체와 관련된 중요한 것으로는 주로 두 가지 있습니다. 하나는 중국어 품사와 문장성분의 관계가 단순히 일대일 대응관계가 아니라는 것이며, 또 하나는 중국어 문장과 구의 구성 원칙이 기본적으로 일치한다는 것입니다. 이 두 가지는 모두 포괄적인 표현으로, 여기에는 중국어 문법의 구체적인 특징들이 포함되어 있습니다.

손님 그렇게 말씀하시니 정말로 포괄적이어서 정확히 이해하기가 어렵습니다. 설명을 좀 부탁드립니다.

----

3) 역자주: 연결사를 사용하지 않고, 어순에 근거해 논리관계를 나타냄.

주인 인도유럽어에서 품사와 문장성분은 일종의 단순한 일대일 대응관계에 있습니다. 대체로 동사는 서술어에 대응되고, 명사는 주어나 목적어에 대응되며, 형용사는 관형어에, 부사는 부사어에 대응됩니다. 이를 그림으로 나타내면 다음과 같습니다.

그림 1

반면, 중국어 품사와 문장성분의 관계는 아주 복잡합니다. 대체적인 형상은 다음 그림으로 알 수 있습니다.

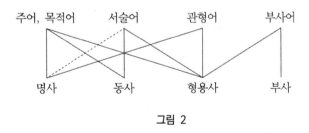

그림 2

손님 [그림 2]는 [그림 1]의 모든 내용을 포함합니다. 차이점은 [그림 2]에서는 (1)동사와 형용사는 주어나 목적어가 될 수 있고, (2)명사는 관형어가 될 수 있고, (3)형용사는 서술어와 부사어가 될 수 있으며, (4)명사는 일정한 조건 하에서 서술어가 될 수 있다는 것입니다. 이는 모두 [그림 1]에는 없는 내용들입니다.

주인 아주 정확하게 정리했습니다. 이들, 특히 (1)과 (2)가 바로 중국어 문법의 특징입니다. 먼저 (1)에 대해 토론해 봅시다. 인도유럽어(영어를 예로 들면)에서 동사와 형용사는 조어법이나 통사법을 통해 명사성 성분으로 전환되어야만 주어나 목적어 위치에 출현할 수 있습니다.

동사를 예로 들면, 정동사(finite verb)[4]는 서술어로만 사용되며, 동사를 주어, 목적어 위치에 놓으려면 반드시 부정사(infinitive)나 분사(participle)로 바꾸어야 합니다. 하지만 중국어의 동사와 형용사는 서술어든 주어, 목적어든 상관없이 형태가 같습니다. 전통적인 중국어 문법서는 주어, 목적어 위치에서의 동사, 형용사는 이미 명사화되었다고 보았는데, 이는 인도유럽어의 시각으로 중국어를 본 것입니다. 중국어 본연의 실제 상황으로 보면, 동사와 형용사는 서술어가 될 수도 있고 주어나 목적어가 될 수도 있습니다. 주어나 목적어가 될 경우에도 여전히 동사, 형용사이며 품사의 변화가 없습니다. 이는 인도유럽어와 구별되는 중국어의 아주 중요한 특징입니다. 이는 전체 품사 문제에 대한 우리의 관점에 영향을 미칠 뿐만 아니라 통사구조의 문제와도 연관되기 때문에 중요하다고 할 수 있습니다.

이어서 (2)에 대해 이야기해보겠습니다. 인도유럽어에서 명사

----

4) 역자주 : 서술어의 한 형태로, 용언이 종결 어미를 가진 어형을 말한다. 인도유럽어에서는 인칭과 수 등을 표시하여 동사가 적용되는 범위를 한정하는 역할을 한다.

중국어 문법에 관한 대담

를 수식하는 것은 주로 형용사입니다. 일부 언어에서는 심지어 형용사가 관형어를 전담하기도 합니다. 명사는 형용사 접미어와 결합하여 형용사로 바뀐 후에야 관형어가 될 수 있습니다. 하지만 중국어는 다릅니다. 명사는 주어든 목적어든 관형어든 모두 형태가 같습니다. 특히, 주의해야 할 점은 중국어에서는 명사가 명사를 수식하는 것이 상당히 자유롭다는 것입니다. 의미적으로 자연스럽기만 하면 두 명사가 직접 결합하여 수식구조가 될 수 있으며, 심지어 여러 개의 명사가 함께 하나의 수식구조를 형성하기도 합니다. 다음 예를 보십시오.

(10) 我国南方各省丘陵地区粮食产量概况
    우리나라 남방 각 성 구릉 지역 식량생산량 상황

이 역시 인도유럽어와 구별되는 중국어의 특징입니다.

손님 또 중국어 형용사는 부사어와 서술어가 될 수도 있는데, 이도 인도유럽어와 다른 점입니다.

주인 중국어의 형용사는 주어나 서술어, 목적어, 보어, 관형어 등 여러 문장성분과 대응하고 그 기능 또한 매우 다양합니다. 인도유럽어에서 부사어는 부사만 담당할 수 있습니다. 따라서 일부 중국어 문법서에서는 부사어 위치에 있는 단어를 모두 부사로 보았는데, 그 결과 부사와 부사어가 동의어가 되어버렸습니다. 사실 중국어에서 부사어가 될 수 있는 것은 부사 뿐만이 아닙니다. 형용사, 특히 상태형용사(예: 远远的(멀리), 好好儿的(잘), 规规矩矩的(반듯하게), 慢腾腾的(느릿느릿))도 주로 부사어가 됩니다. 요컨대, 초기의 중국어 문법은 인도유럽어의 시각으로 중국어를 보았기 때문에 명사만 주어나 목적어가 될 수 있고, 형용사만 관형어가 될 수 있다고 보았습니다. 이러한 관점은 과거의 중국어 문법 체계에 두 가지 부정적인 결과를 초래하였습니다. 하나는 모순해결을 위한 미봉책으로, 중국어에는 전혀 필요가 없는 품사전환이라는 용어를 만들어 낼 수밖에 없었다는 점입니다. 예를 들면, 동사와 형용사가 주어나 목적어가 되려면 명사화 되어야 하고, 명사는 관형어가 되려면 형용사화 되어야 한다는 것 등이 이에 해당됩니다. 또 하나는, 중국어에서 동사와 형용사의 80~90%는 주어나 목적어가 될 수 있으며, 관형어가 될 수 있는 명사의 비율은 이보다 더욱 높습니다. 이는 절대다수의 실사 품사들이 모두 품사전환을 할 수 있다는 말과 같기 때문에 결국 품사무용론이라는 결론에 이를 수밖에 없습니다. 일부 중국어 문법서에서 이렇게 주장하게 된 근본 원인은 인도유럽어 문법관의 구속을 받아 중국어 자체의 특징을 보지 못한 데 있습니다. 중국어의 명사, 동사, 형용사는 인도유럽어처럼 하나의 품사가 하나의 문장성분과만 대응하는 것이 아니라 '다기능(多功能)'을 한다는 것을 몰랐던 것입니다.

손님 이어서 중국어 문법의 두 번째 큰 특징에 대해 말씀해 주십시오.

주인 이 특징도 역시 인도유럽어와의 비교를 통해 드러난 것입니다. 인도유럽어에서 통사법과 조어법은 다릅니다. 영어를 예로 들면, 문장(sentence)의 서술어 부분에는 반드시 하나의 정동사(finite verb)로 구성된 주요동사(main verb)가 있어야 합니다. 구(phrase) 안에는 정동사가 올 수 없으며, 동사가 올 경우 반드시 정동사 형식이 아닌 부정사나 분사 형식이어야 합니다. 문장 안에 포함된 절(clause)에서는 독립된 문장과 마찬가지로 정동사가 서술어가 될 수 있습니다. 요컨대, 문장과 소절의 구성 원칙은 동일하나 구의 구성 원칙은 이와는 다릅니다. 예를 들어보겠습니다.

(11) He flies a plane. (他开飞机。)
　　그는 비행기를 조종한다.

(12) To fly a plane is easy. (开飞机容易。)
　　비행기를 조종하는 것은 쉽다.

(13) Flying a plane is easy. (开飞机容易。)
　　비행기 조종은 쉽다.

(11)에서 flies는 서술어 위치에 있으며, 정동사 형식으로 쓰였습니다. (12)와 (13)에서, to fly a plane과 flying a plane은 주어 위치에 있으며 각각 부정사와 분사형식을 사용하였습니다. 하지만 중국어의 경우는 다릅니다. 동사와 동사구는 어디에 출현하든 형식이 동일합니다. (11)~(13)의 flies a plane, to fly a plane, flying a plane은 중국어로 하면 모두 '开飞机(비행기를 조종하다)'입니다. 중국어에서 문장의 구성 원칙과 구의 구성 원칙이 일치한다는 것은 특히 주술구조에서 잘 나타납니다. 중국어의 주술구조는 단독으로 사용되었을 때는 영어의 문장에 상당하지만, 그렇지 않을 경우에는 영어의 절과 같습니다. 영문법의 관점으로 보면, 이것은 구와는 서로 대립되는 것입니다. 중국어의 주술구조는 사실상 일종의 구이며, 다른 유형의 구와 지위가 완전히 평등합니다. 주술구조는 단독으로 문장도 될 수 있고, 문장성분이 될 수도 있습니다.

손님 어떤 문법서에서는 주술구조가 서술어가 될 수도 있다고 말합니다. 예를 들어, '这个人心眼儿好(이 사람은 마음씨가 좋다)'에서 '心眼儿好(마음씨가 좋다)'는 서술어 위치에 있는 주술구조로 봅니다. 이러한 문형이 중국어 외에 다른 언어에도 있는지는 모르겠습니다.

주인 만약 다른 언어에 없다면 이것이 바로 중국어의 특징임을 증명하는 것이 아닐까요? '这个人心眼儿好'는 '这个人'뒤에 '的'가 생략되었다고 할 수 있다고 해도, '这个人确实心眼儿好(그는 정말 마음씨가 좋다)'는 그렇게 설명할 수 없습니다. 이를 통해 중국어에는 주술구조가 서술어가 되는 문형이 정말로 존재함을 알 수 있습니다. 이러한 문형은 현대중국어뿐만 아니라 고대중국어에도 있습니다. 또 중국어뿐만 아니라 한장어(汉藏语) 계통의 다른 언어들에도 있습니다. 인도유럽어와 비교하면, 주술구조가 서술어가 된다는 것은 중국어 문법의 분명한 특징입니다. 일부 문법서는 주술구조가 서술어가 될 수 있음을 인정하지만, 이를 '정상적(常規的)'인 문형으로 보지 않기 때문에 아주 작은 범위 안에 국한시키고 있습니다. 하지만 주술구조가 서술어가 되는 문형은 중국어에서 아주 많이 나타나는 중요한 문형 가운데 하나이므로, 당연히 '주-술-목'에 상응하는 기본문형으로 보아야 할 것입니다.

손님 선생님 말씀은 과장이 좀 지나친 것 같습니다.

주인 전혀 과장이 아닙니다. 중국어에서 목적어 전치설은 근거가 없으므로, 과거에 목적어가 전치된 SOV(我羊肉不吃 나는 양고기는 먹지 않는다)와 OSV(羊肉我不吃 양고기를 나는 먹지 않는다) 두 구조는 주술구조가 서술어가 되는 SSV 구조로 보아야 한다고 여겼습니다. SOV와 OSV 구조가 모두 존재하지 않기 때문에 SVO와 대응하는 것은 SSV뿐이었습니다.

손님 선생님께서 말씀하신 중국어 문법의 두 가지 특징 사이에는 어떤 연관성이 있는 것 같은데, 어떤 연관성인지는 제가 정확히 설명을 할 수가 없습니다.

주인 그렇게 느끼는 데는 이유가 있습니다. 중국어의 이 두 가지 특징이 만들어진 근원은 모두 중국어 품사는 형식상의 표지가 없다는 것입니다. 영어에서는 동사와 형용사가 주어나 목적어 자리에 올 때 -ness, -ation, -ment, -ity와 같은 명사접미어를 붙여 명사로 바꾸거나 동사를 부정사나 분사형식으로 바꿉니다. 중국어 품사는 이러한 형식상의 표지가 없으므로 어떤 문장성분 자리에서도 형식이 동일합니다. 이것이 일품사 다기능 현상을 초래하였습니다. 또 한편으로, 중국어 동사는 한정형식과 비한정형식(즉, 부정형식과 분사형식)의 대립이 없는데, 이것이 바로 구와 문장구조의 일치성을 초래하였습니다.

손님 이렇게 본다면 중국어 문법의 가장 근본적인 특징은 역시 형태변화가 없다는 것이군요.

주인 중국어가 형태변화가 없다는 것은 한눈에 알 수 있는 사실이므로, 누구라도 이것이 중국어의 특징이라고 말할 수 있습니다. 하지만, 이러한 단순한 현상 뒤에 숨어있는 깊은 함의는 자세한 분석과 비교를 통해서만 알 수 있습니다. 따라서 앞에서 진행한 우리의 토론이 헛수고는 아닙니다.

손님 중국어 문법의 특징에 관한 토론은 여기까지 하겠습니다. 다음으로 품사 문제에 대해 이야기해보는 것은 어떨까요?

주인 좋습니다.

02
품사

손님 지난번에 오늘은 품사 문제에 대해 이야기하기로 하였습니다. 제가 드리고 싶은 첫 번째 질문은 품사분류의 근거가 무엇인가 하는 것입니다. 일반적으로 명사는 사물의 명칭을 나타내고, 동사는 동작이나 행위, 변화를 나타내며, 형용사는 성질이나 상태를 나타낸다고 합니다. 보아하니 품사는 단어의 의미에 따라 분류한 것 같습니다.

주인 단어의 의미에 따라 품사를 분류하는 것은 부적합합니다. 품사분류의 목적이 문법상 성질이 같거나 유사한 단어를 한데 묶는 것이기 때문입니다. 하지만 같은 종류의 개념을 나타내는 단어라도 문법적 성질이 반드시 같지는 않습니다. 예를 들어, '金(금), 银(은), 铜(동), 铁(철), 锡(주석)'은 모두 금속 명칭이지만, '金, 银'과 '铜, 铁, 锡'의 문법적 성질은 분명히 다릅니다.

'铜, 铁, 锡'은 주어(铜是金属 동은 금속이다), 목적어(需要铜 동이 필요하다)가 될 수 있고, 수량사의 수식(一块铜 동 한 덩어리)을 받을 수 있지만, '金'과 '银'은 주어나 목적어가 될 수 없으며(*金是黄的, *银是白的, *需要金, *需要银), 수량사의 수식을 받을 수도 없습니다. (*一块金, *两块银) 모두들 '铜, 铁, 锡'은 명사라고 하지만, '金'과 '银'에 대해서는 형용사 내의 한 종류(비서술어형용사, 非谓形容词)라고 보는 사람도 있고, 명사와 형용사가 아닌 구별사라고 하는 독립된 실사로 보는 사람도 있습니다. 또 어떤 사람들은 아예 독립된 단어가 아니라고 보기도 합니다. 아무튼 '金'과 '银'을 '铜, 铁, 锡'과 같은 명사로 볼 수는 없다는 것입니다. 또 다른 예를 들어보겠습니다. '红(붉다), 黑(검다), 红色(붉은색), 咖啡色(커피색), 紫(자색), 灰(회색), 粉(분홍색)'은 모두 색깔을 가리킵니다. 그 가운데 '红'과 '黑'는 서술어가 될 수 있고(桃花儿红 복숭아꽃이 붉다/屋里黑 방 안이 어둡다), 부사 '很'의 수식을 받을 수도 있으며(很红 빨갛다/很黑 까맣다), 중첩할 수도 있어(红红的 새빨갛다/黑黑的 새까맣다) 전형적인 형용사입니다. 하지만 '红色'와 '咖啡色'는 주어나 목적어만 될 수 있고 서술어는 될 수 없으며, 부사 '很'의 수식을 받을 수도 없으므로 분명 형용사가 아닌 명사입니다. 또 '紫, 灰, 粉'은 서술어가 될 수 없고, '很'의 수식을 받지 않으며 주어나 서술어가 될 수도 없으므로 형용사도 명사도 아닙니다.(혹자는 이를 비서술어형용사라고 하여 형용사의 일종으로 보지만, 이러한 견해는 적합하지 않습니다. 이 문제에 대해서는 뒤에서 다시 논의하기로 하겠습니다.)

손님 이러한 예는 정말 많습니다. 예를 들어, '战争(전쟁)'은 '打仗 (싸우다)'을 의미하는데, '战争'은 명사이지만 '打仗'은 동사입니다. 하지만 선생님 말씀대로라면 품사와 의미 사이에는 아무런 관련이 없는 것인가요?

주인 아니오, 관련이 있습니다. 문법적 성질이 같은 단어는 의미적으로도 공통점이 있습니다. 일반적으로 명사는 사물을 나타내고, 동사는 동작이나 행위, 변화를 나타내며, 형용사는 성질이나 상태를 나타낸다고 하는 말은 완전히 정확하다고 할 수는 없지만 대체로 맞는 말입니다. 하지만 역으로 사물을 나타내는 단어는 명사이고, 동작이나 행위, 변화를 나타내는 단어는 동사이며, 성질이나 상태를 나타내는 단어를 반드시 꼭 형용사라고 말할 수는 없습니다. 왜냐하면 개념을 명확하게 정의내리기가 어렵기 때문입니다. 사물이란 무엇인지, 동작이나 행위, 변화란 무엇인지, 성질이나 상태는 또 무엇이며 이들 사이의 경계는 어디에 있는지 등 끝없는 철학적 토론을 불러일으키며 영원히 해결될 수 없는 문제입니다.

손님 그렇다면 우리는 무엇을 근거로 품사를 분류해야 합니까?

주인 품사분류의 기준은 단어의 문법기능뿐입니다.

손님 선생님의 말씀은 중국어가 그렇다는 것입니까?

주인 네. 중국어는 그렇다는 말입니다. 하지만 다른 언어에도 마찬가지로 적용됩니다.

손님 그렇다면 이해가 잘 안됩니다. 인도유럽어의 품사는 단어의 형태변화를 근거로 분류한 것이 아닌가요?

주인 형태를 근거로 인도유럽어의 단어를 분류할 수는 있습니다. 하지만 이 역시 근본적으로는 결국 문법기능을 근거로 한 것입니다. 예를 들어 영어는 접미사 s를 사용하여(실제 음성 형식은 -s, -z, -iz) 명사의 복수를 나타내며, 이를 근거로 영어에서 명사를 분류할 수 있습니다. 이는 형태를 근거로 분류한 것처럼 보이지만, 사실은 이 역시 기능을 근거로 분류한 것입니다. 복수를 나타내는 접미사 s를 붙일 수 있는 단어들은 문장 내에서의 문법기능이 모두 같기 때문입니다. 분류해낸 품사가 가치가 있는 이유도 바로 이 때문입니다. 형태에 따라 분류한 품사가 통사적인 기능을 제대로 반영하지 못한다면 이러한 분류는 의미가 없습니다. 예를 들어 러시아어의 동사는 두 가지 변위법(变位法)[1]이 있으며, 명사의 격변화[2]도 세 가지 종류가 있습니다. 만약 이를 근거로 러시아어의 동사와 명사를 다시

---

1) 역자주 : 러시아어 동사의 형태변화를 가리키는 말로, 크게 1식과 2식으로 나눌 수 있다. 러시아어 동사의 부정식은 ть, ти, чь으로 끝나는데, 현재형과 미래형에서 동사는 주어의 인칭, 수에 따라 형태가 변한다.
2) 역자주 : 러시아어 명사는 성에 따라 1식, 2식, 3식의 세 가지 격변화가 있다. 남성명사, 중성명사, b로 끝나는 명사는 1식변화, 여성명사는 2식변화, b로 끝나는 여성명사는 3식 변화형식이 있다. 러시아어는 형용사도 경변화와 연변화의 격변화가 있다.

중국어 문법에 관한 대담

분류했을 경우, 형태를 근거로 삼기는 하였지만 이러한 분류는 통사적으로 별로 가치가 없습니다. 왜냐하면 통사 기능을 전혀 반영하지 못하기 때문입니다. 또 한편으로, 인도유럽어에도 일부 소수의 단어들은 형태표지가 없습니다. 예를 들어 영어 명사 sheep(양)의 뒤에는 복수를 나타내는 접미사가 올 수 없으며, 러시아어 명사 пальто(외투)는 격의 변화가 없습니다. 하지만 영어와 러시아어 문법에서 이들은 여전히 명사로 분류됩니다. 바로 이 경우가 통사 기능을 근거로 품사를 분류한 것입니다. 요컨대, 우리가 형태를 근거로 품사를 분류할 수 있는 이유는 형태가 기능을 반영하기 때문입니다. 형태는 기능의 표지일 뿐입니다. 비유를 하자면, 군인은 군복을 입고 학생은 교복을 입으며 일반인들은 평상복을 입으므로, 옷차림(형태)을 보면 바로 그 사람의 신분(품사)을 알 수 있는 것과 같습니다. 형태가 없거나 풍부하지 않는 언어는 모두들 같은 옷을 입고 있는 것과 같습니다. 그들의 신분을 알기 위해서는 옷차림을 보아서는 알 수가 없으며, 그들이 종사하는 일(기능)을 보아야 합니다.

손님 최근 출판된 중국어 문법서들은 모두 마치 품사분류의 주요 근거가 단어의 문법기능임을 인정하는 듯합니다. 하지만 동시에 또 의미가 '중요한 참고기준'임을 강조하고 있습니다. 어떤 책에서는 의미와 기능, 두 가지 모두를 동등하게 기준으로 삼아야 한다고 말하기도 합니다. 선생님께서는 이러한 주장들이 타당하다고 보십니까?

주인 그런 주장들에 대해서는 의견을 말씀드리기가 어렵습니다. 왜냐하면 그 책들은 의미가 품사분류의 중요한 참고기준이라고 주장하면서도 구체적으로 어떻게 참고해야 하는지에 대해서는 설명이 없기 때문입니다. 또 의미와 기능을 모두 동등하게 참고해야 한다는 주장도 어떻게 하는 것이 동등한 것인지, 어떻게 하는 것이 치우치는 것인지에 대해서는 설명이 없습니다.

손님 선생님께서는 품사분류를 할 때 단어의 의미는 일고의 참고 가치도 없다고 보시는 건가요?

주인 그렇습니다. 엄격히 말씀드리면 단어의 의미는 지위가 없습니다. 하지만 한 가지는 설명을 드려야겠습니다. 이론적으로 말하면, 품사분류는 단어의 동일성 문제를 확정한 후에야 진행이 가능합니다. 단어의 동일성 문제를 확정할 때는 당연히 의미도 고려되어야 합니다.

손님 단어의 동일성 문제란 무엇을 말하는 것입니까?

주인 서로 다른 통사 환경에서 나타나는 여러 개의 단어를 동일한 단어로 볼 것인가 서로 다른 단어로 볼 것인가의 문제를 가리킵니다.

손님 이것이 품사분류와 무슨 관계가 있습니까?

주인 관계가 있습니다. 예를 들어보겠습니다.

(1) 人总是要死的。

사람은 반드시 죽는다.

(2) 别把话说死。

말을 극단적으로 하지 마라.

(1)에서 '死(죽다)'는 생명을 잃는다는 의미이고, (2)에서 '死'는 움직임이 없고 융통성이 없음을 의미합니다. 만약 위의 두 가지 '死'를 의미가 다른 두 개의 단어라고 본다면, '死'를 분류할 때 반드시 이들을 두 가지 '死'로 구분해야 합니다. 예를 들어 (1)의 '死'를 동사, (2)의 '死'를 형용사로, 문법기능에 따라 품사의 종류를 결정해야 합니다. 만약 위 두 가지 '死'의 의미 사이에 관련성이 있다고 본다면, 즉 움직임이 없고 융통성이 없음을 생명을 잃음의 의미로부터 파생된 의미라고 본다면, (1)과 (2)의 '死'를 하나의 단어로 생각하는 것입니다. 이 때, 두 의미의 '死'의 여러 문법기능들을 동일한 '死'의 기능으로 한 데 모으고 품사의 종류를 결정하게 됩니다. 이러한 관점을 취하면, '死'는 동사와 형용사를 겸한다고 할 수 있습니다.[3] 이로써 품사분류의 기준은 단어의 기능만을 근거로 삼을 수 있으며, 단어의 동일성 문제를 확정할 경우에만 의미가 필요함을 알 수 있습니다.

....

3) 역자주 : 이처럼 하나의 단어가 의미적으로 연결되는 두 가지 이상의 품사 기능을 겸하는 경우, 이를 겸류사(兼类词)라 한다.

손님 알겠습니다. 단어의 의미 문제는 잠시 내려놓고, 다른 문제를 여쭈어보겠습니다. 우리는 줄곧 단어의 문법기능에 대해 논의를 하였는데, 문법기능이란 도대체 무엇을 가리키는 것인가요?

주인 문법기능이란 간단하게 말하면, 단어와 단어 간의 결합능력을 말합니다. 예를 들어, 일반적으로 형용사는 명사 앞에서 수식어가 될 수도 있고, 명사 뒤에서 서술어가 될 수도 있으며, 정도부사('很(매우), 挺(매우), 太(너무)' 등)의 수식을 받을 수도 있다고 말합니다. 좀 더 정확하게 말하면, 한 단어의 문법기능이란 그 단어가 차지하는 문법위치의 종합을 말합니다. 이를 현대언어학의 용어로 말하면 단어의 문법적 분포(distribution)라고 합니다.

손님 처음에 논의를 시작할 때 선생님께서는 품사분류의 목적이 문법성질이 같거나 유사한 단어를 묶기 위해서라고 말씀하셨습니다. 문법성질은 무엇을 말합니까? 문법기능과 같은 의미인가요?

주인 맞습니다. 문법성질이란 표현이 비교적 이해하기 쉽지만 함의가 명확하지 않습니다. 정확한 표현은 문법기능 또는 분포입니다.

손님 제가 드리고 싶은 질문은 선생님께서는 왜 앞에서 '문법성질이 같다'라고 하시지 않고 '같거나 유사하다'라고 하셨느냐는 것입니다.

주인 왜냐하면 품사가 같은 단어들일지라도 문법기능이 완전히 동일하지는 않기 때문입니다. 예를 들어, 같은 동사라 해도 목적어를 가지는 것(타동사)도 있고, 그렇지 않은 것(자동사)도 있습니다. 물론 '桌子(책상)'과 '椅子(의자)'처럼 문법기능이 거의 완전히 같은 단어들도 있습니다.

손님 '桌子'는 '一张(한 개)' 뒤에만 출현하고, '一把(한 개)' 뒤에는 출현하지 않습니다. 하지만 '椅子'는 정반대입니다. 어떻게 이들의 기능이 완전히 같다고 할 수 있습니까?

주인 '桌子'와 '椅子'가 구체적인 양사의 선택에서는 비록 차이가 있지만, 양사라는 품사 뒤에 출현할 수 있다는 점은 같습니다. 다시 말하면 명사류는 항상 양사라는 품사 뒤에 출현할 수 있습니다. 단어의 문법기능 혹은 문법분포는 추상적인 품사를 두고 한 말입니다. 하나하나 구체적인 단어에 대해 말하는 것이 아닙니다.

손님 선생님께서는 방금 같은 품사라 해도 문법기능이 완전히 같지는 않다고 말씀하셨습니다. 하지만 제 생각으로는 품사가 다른 단어들이라고 해서 문법기능이 완전히 다르다고도 할 수는 없는 것 같습니다. 어떻습니까?

주인 맞습니다. 품사가 같은 단어는 반드시 공통된 문법기능이 있고, 품사가 다른 단어는 분명 서로 구분되는 문법기능이 있습니다. 같은 품사의 단어끼리 공통점이 있다는 말이 이들의 문법기능이 완전히 똑같음을 의미하는 것은 아닙니다. 예를 들어 타동사와 자동사는 모두 동사지만 목적어를 가질 수 있는지의 여부에서는 차이가 납니다. 마찬가지로 품사가 다른 단어들끼리 서로 구분되는 차이점이 있다는 말도 이들 사이에 공통점이 전혀 없음을 의미하지는 않습니다. 예를 들어 동사와 형용사의 경우 품사는 다르지만 일부 동일한 문법기능들이 있는데, 둘 다 서술어가 될 수 있으며 부사의 수식을 받을 수 있다는 점 등이 그것입니다. 품사가 같은 단어라도 문법기능이 완전히 같지는 않기 때문에 한 품사 내에서도 다시 분류를 할 수 있습니다. (예를 들어 동사는 자동사와 타동사로 다시 분류할 수 있습니다.) 또 품사가 다른 단어 사이에도 일부 공통된 문법기능이 있기 때문에 두 부류가 더 큰 하나의 부류로 합쳐질 수도 있습니다. (예를 들어 동사와 형용사는 술어사(谓语词)로 합쳐질 수 있습니다.) 품사 문제를 토론할 때는 반드시 품사의 공통점과 차이점을 분명히 구분해야 합니다. 그렇지 않으면 논리적인 혼란을 불러일으키게 됩니다.

손님 이 두 개념은 아주 명확히 구분되는데 어떻게 헷갈릴 수가 있습니까?

주인 꼭 그렇지도 않습니다. 일부 문법서에는 명사의 '문법특징'을 다음과 같이 말합니다. (1)주어, 목적어가 될 수 있다. (2)관형어의 수식을 받을 수 있다. (3)수량사의 수식을 받을 수 있다. 세 가지 모두 분명 명사의 공통된 특성(모든 명사가 가진 특성)입니다. 하지만 이들 중 어느 하나도 명사만의 문법특징(차

이점)이라고 할 수 있는 것은 없습니다. 왜냐하면 이들 문법기
능은 동사와 형용사도 가지고 있는 것들이기 때문입니다. 예
를 들어보겠습니다.

(3) 他的笑是有原因的。(동사가 주어이며, 관형어 수식을 받음)
그의 미소에는 이유가 있습니다.

(4) 有两种快, 一种是快而不好, 一种是又快又好。(형용사가
수량사의 수식을 받음)
두 가지 신속함이 있는데, 하나는 신속하기는 하나 좋지는 않
은 것이고, 하나는 신속하면서도 좋은 것입니다.

만약 위의 세 조건을 명사 구분의 기준으로 삼는다면, 일반적
으로 동사와 형용사로 여겨지는 단어들도 대부분 모두 명사류
로 편입될 것입니다.

손님 선생님께서는 하나의 품사로 분류하는 기준은 반드시 같은 품
사에 속하는 단어들의 문법기능을 정확히 반영해야 함을 말하
기 위해 이 예를 드셨습니다. 그렇다면 그 말은 불필요한 말
아닌가요?

주인 맞습니다. 불필요합니다. 하지만 과거 품사분류에 대한 논의
에서는 이것이 항상 문제의 핵심이었습니다. 따라서 쓸데없는
말이지만 하지 않을 수가 없습니다. 품사의 '문법성질'과 '문법
특징'에 대해서는 이미 많은 문법서에서 말하고 있는데, 이 둘

은 확연히 서로 다른 개념입니다. 한 품사의 문법성질은 이 품사의 모든 문법적 공통점을 가리킵니다. 모든 공통점이기 때문에 그 안에는 당연히 다른 품사와의 일부 공통점도 포함됩니다. 한 품사의 문법특징이란 그 품사만 가지고 있고 다른 품사에는 없는 문법성질을 가리킵니다. 즉 한 품사가 다른 품사와 구분되는 차이점을 말합니다. 여기서 말하는 '차이점'은 다른 품사와 비교를 할 경우를 말하는 것으로, 본래 품사의 단어들에게는 이러한 차이점 역시 공통점입니다. 왜냐하면, 한 품사의 문법특징은 이 품사에 속하는 모든 어휘들이 공유하는 것이어야 하기 때문입니다. 바꾸어 말하면, 한 품사의 문법특징은 당연히 이 품사의 전체 문법성질의 일부분이며, 품사의 분류 기준은 또한 그 문법특징의 일부분이어야 한다는 것입니다. 만약 U로 한 품사의 전체 문법성질을 나타내고, V로 이 품사의 전체 문법특징을 나타내며, W로 품사분류 기준을 나타낸다면, 이들의 관계는 U > V > W가 됩니다.

손님 만약 모든 문법특징을 품사분류의 기준으로 삼는다면 더 낫지 않습니까? 문법특징 가운데 제한된 몇 가지만을 선택하는 이유는 무엇인가요?

주인 한 품사의 문법특징을 모두 열거하자면 끝이 없습니다. 전부 열거할 수 있다고 해도 너무 복잡해서 품사분류의 기준으로 삼기에는 적합하지 않습니다.

손님 분류기준이 다르면 분류한 품사 범위도 차이가 납니다. 그렇다면 분류기준을 선택할 때 어떤 원칙을 따라야 합니까?

주인 원칙은 이렇게 분류한 품사가 문법기능에 있어서 충분한 공통점이 있고, 동시에 다른 품사와는 충분한 차이점이 있어야 한다는 것입니다. 요컨대 단어의 분포 상황을 충분히 반영할 수 있어야 한다는 것입니다.

손님 이렇게 보니 품사를 분류하는 일에는 어느 정도 상대성이 있는 것 같습니다.

주인 그렇습니다. 따라서 우리는 순진하게 세계의 모든 언어가 반드시 8개의 품사로 되어있다고 생각해서는 절대로 안 됩니다. 많지도 적지도 않게 꼭 8개 말입니다. 또한 한 단어는 반드시 하나의 품사에만 속하는 것이 절대적이라고 생각해서도 안 됩니다.

손님 한 단어가 반드시 하나의 품사에 속하는 것이 절대적이라고 생각해서는 안 된다는 말의 의미를 아직 잘 모르겠습니다.

주인 갑을 기준으로 명사를 분류하고, 을을 기준으로 동사를 분류한다고 합시다. 그런데 아마도 일부 단어들은 갑과 을의 두 기준에 모두 부합할 가능성이 높습니다. 좀 더 명확히 설명하기 위해서 그림을 그리겠습니다.

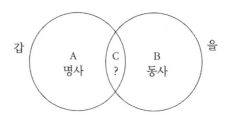

그림에서 A는 명사이고, B는 동사입니다. 문제는 C 부분을 어떻게 처리할 것인가 입니다. 이론적으로 말하면, 네 가지 선택 가능성이 있습니다. 첫째는 명사이면서 동사, 즉 명동겸류사로 보는 것입니다. 이때 분류의 기준은 다음과 같습니다.

> 갑에 부합하는 것은 명사: A + C
> 을에 부합하는 것은 동사: B + C
> C는 명사와 동사에 모두 속함.

둘째는 C를 명사와 동사 이외의 다른 품사로 보는 것입니다. 이 방법을 채택했을 경우, 분류 기준은 다음과 같습니다.

> 갑에는 부합하고 을에는 부합하지 않으면 명사: A
> 을에는 부합하고 갑에는 부합하지 않으면 동사: B
> 갑과 을에 모두 부합하면 다른 품사: C

셋째는 C를 동사가 아닌 명사로 보는 것으로, 분류 기준은 다음과 같습니다.

갑에 부합하면 명사: A + C

을에는 부합하고 갑에는 부합하지 않으면 동사: B

넷째는 C를 명사가 아닌 동사로 보는 것으로, 분류 기준은 다음과 같습니다.

을에 부합하면 동사: B + C

갑에는 부합하고 을에는 부합하지 않으면 명사: A

여기서 A, B, C 세 단어의 문법기능의 공통점과 차이점은 객관적인 사실입니다. 갑, 을 어느 기준이든 A와 B는 대립관계입니다. 갑을 기준으로 보면, C와 A는 공통점이 있지만 B와는 대립관계입니다. 을을 기준으로 보면, C와 B는 공통점이 있지만 A와는 대립관계입니다. 위 네 가지 방법 중 어느 것을 선택하든 이러한 사실은 바뀌지 않습니다. 만약 세 번째 방식을 선택하여 C를 명사로 분류하면, 명사를 다시 작은 부류로 분류할 때 결국은 C와 A로 다시 구분해야 합니다. 왜냐하면 그들은 문법기능이 다르기 때문입니다. 만약 네 번째 방식을 채택하여 C를 동사로 분류한다면, 결국은 동사를 C와 B로 다시 분류하게 될 것입니다. 위 네 가지 방법 중에 어느 것을 선택할지는 A, B, C 세 부분의 전체 문법기능을 고려하여 어느 방법이 그들의 문법적 분포 상황을 가장 잘 반영할 수 있는지를 살펴보고서 가늠하여야 합니다.

손님 제 기억으로는 첫 번째 논의에서 선생님께서는 전통적인 중국어 문법의 품사분류가 인도유럽어, 특히 영문법의 영향을 받았다고 말씀하셨습니다. 선생님께서는 이러한 영향이 지금도 존재한다고 보십니까?

주인 전통적인 관념의 힘은 대단합니다. 지금 현재까지도 우리는 무의식중에 그 영향을 받고 있습니다.

손님 몇 가지 구체적인 사례를 들어 말씀해 주십시오.

주인 지난번 토론에서 우리는 영어의 동사와 형용사는 직접 주어나 목적어가 될 수 없으며, 조어 수단이나 통사 수단을 통해 명사성 성분으로 바뀐 후에야 주어나 목적어 자리에 출현할 수 있다고 말했습니다. 일부 중국어 문법서는 이의 영향을 받아서, 주어나 목적어 자리에 있는 동사와 형용사를 어떻게든 명사로 보려고 합니다. 최근의 명물화(名物化)라는 표현도 이러한 영향의 지속입니다. 또한 초기의 중국어 문법서는 관형어인 명사를 형용사로 보았는데, 이 역시 그 예입니다. 최근에는 이렇게 말하는 사람이 거의 없어졌습니다만 이러한 관념의 영향은 여전히 존재합니다.

손님 어떻게 알 수 있습니까?

주인 '金(금), 銀(은), 男(남), 女(여), 雌(암), 雄(수), 西式(양식), 大型(대형), 慢性(만성), 彩色(컬러)' 류의 단어들을 '비서술어형

용사(非谓形容词)'라고 부르는 것도 하나의 예입니다. 이런 류의 단어들은 전형적인 형용사와 공통점이 거의 없습니다. 이들을 형용사라 부르는 유일한 근거는 관형어로 사용된다는 것입니다. 만약 관형어가 될 수 있다는 이유 하나만을 근거로 이들을 형용사로 귀속시킨다면, 관형어로 자주 사용되는 명사들도 역시 마찬가지로 비서술어형용사라 불러야 하지 않겠습니까? 논리적으로 말하면 반드시 큰 분류를 하고 난 후에 작은 부류로 세분함을 논해야 합니다. "金, 银, 男, 女' 등을 형용사의 작은 부류로 보려면 먼저 형용사가 무엇인지를 명확히 정해야 합니다. 하지만 비서술어형용사에 대한 논의에서 이 부분은 종종 생략되어 버립니다. 이는 아마도 인도유럽어의 관점으로 보면 명사를 수식하는 단어를 형용사로 보는 것이 당연하기 때문이 아닌가 합니다.

손님 형용사가 아니라면 이러한 단어들은 어떻게 처리해야 합니까?

주인 이런 단어들의 문법기능상의 특징은 명사만을 수식하거나 '的'자 앞에 출현할 수 있다는 것입니다. ('一男一女(1남1녀)', '急性好治, 慢性难治(급성은 치료가 쉬우나, 만성은 치료가 어렵다)' 등의 병렬 형식은 제외함)

손님 명사, 형용사, 심지어 일부 대사도 이 두 위치에 출현할 수 있지 않습니까?

주인 그렇습니다. 하지만 명사와 형용사는 다른 문법 위치에도 출현할 수 있습니다. 그런데 '金, 银, 男, 女' 등의 단어들은 이 두 위치에만 출현할 수 있다는 것이 특징입니다. 이들은 형용사와도 다르고 명사와도 다르므로, 명사와 형용사 이외의 독립된 품사로 보아야 합니다. 이러한 품사는 전통적인 '8대 품사'에는 없습니다. 만약 이름을 짓는다면 구별사(区别词)라 부를 수 있겠습니다.

손님 부사 문제에 대해 다시 말씀해 주실 수 있을까요?

주인 방금 말씀드렸습니다만, 부사어가 될 수 있는 것은 부사에만 국한된 것이 아닙니다. 형용사도 부사어가 될 수 있기 때문입니다. 만약 부사어 위치에 있는 단어를 모두 부사로 본다면, 부사와 형용사의 경계가 모호해집니다. 비교적 합리적인 방법은 부사를 부사어로만 쓰이는 단어라고 정의하는 것입니다. '부사어로만 사용될 수 있다'라는 말은 두 가지 문법특징을 포함합니다. 하나는 부사어가 될 수 있다는 것이고, 또 하나는 다른 문장성분이 될 수는 없다는 것입니다.

손님 이러한 분류기준에 따르면, '忽然(갑자기)'은 부사어만 될 수 있으므로 부사이지만 '突然(갑작스럽다)'은 최소한 서술어(这件事很突然 이 일은 갑작스럽다)가 될 수도 있기 때문에 부사로 볼 수는 없으며 아마 형용사로 보아야 할 것입니다. 그런데 이렇게 처리하면 좀 어색하지 않을까요?

주인 어색하다고 느끼는 것은 아마도 이 두 단어는 의미가 비슷한

데 하나는 부사, 하나는 형용사로 구분해서는 안 될 것 같기 때문입니다. 앞에서 우리가 이미 유사한 개념을 나타내는 단어라도 문법기능이 반드시 같지는 않다고 말하지 않았습니까? '战争'은 명사이고 '打仗'은 동사라고 당신이 예를 들지 않았습니까? 잊었나요?

손님 잊은 것이 아니라 선입견 때문인 듯합니다. 최근 중국어 품사를 논의한 글들을 읽어보았는데, 예전에는 없는 일부 새로운 주장들도 있습니다. 예를 들어, 혹자는 배타적 증명의 논리로 어려운 문제들을 해결할 수 있다고 하였는데, 그가 예로 든 것이 '必然(필연적이다)'이었습니다. 그는 '必然'은 명사나 동사, 대사가 될 수도 없고, 수사나 양사 또한 될 수 없다고 하였습니다. 남은 것은 부사나 형용사의 두 가지 가능성뿐인데, '必然'이 형용사임을 직접 증명하기에는 충분한 이유를 찾을 수가 없습니다. 하지만 우리는 그것이 명사를 수식할 수 있다는 점(必然产物 필연적 산물, 必然趋势 필연적 추세)을 근거로 부사는 아님을 확정할 수 있습니다. 이것은 역으로 '必然'이 형용사가 될 수밖에 없음을 증명하는 것입니다.

주인 그러한 추론 자체가 논리에 부합하지 않습니다. 왜냐하면 이 추론을 따른다면, 우리는 먼저 '必然'은 서술어가 될 수 없고 '很'의 수식을 받지 않는다는 것을 근거로 그것이 형용사가 아니라고 확정한 후에 나머지 품사에 귀속시키는 방법으로 '必然'은 부사일 수밖에 없다고 증명하는 것도 가능하기 때문입니다. 이 예는 하나의 원리를 설명하는데, 즉 한 단어를 어느 한 품사로 분류할 때는 반드시 이 품사의 분류기준에 부합해야 한다는 것입니다. 분류기준을 떠나서 은근슬쩍 다른 품사에 끼워 넣는 방법은 통하지 않습니다.

손님 맞는 말씀입니다. 그렇다면 '必然'은 도대체 어느 품사로 분류 해야 합니까?

주인 '必然'은 (1)부사어(必然失敗 분명히 실패한다), (2)관형어(必 然趨勢 필연적 추세), (3)'的'자 앞(必然的趨勢 필연적 추세/ 這是必然的 이것은 필연적이다)의 세 가지 위치에만 출현합 니다. 이것은 바로 구별사와 부사의 분포 상황을 합한 것과 같습니다. 따라서 이를 구별사와 부사의 겸류사로 보는 것이 가장 합리적인 방법입니다. 부사어의 위치에서는 부사이고, 다른 위치에서는 구별사입니다. '共同(공동), 自動(자동), 高 速(고속), 長期(장기), 局部(부분)' 등도 모두 '必然'의 상황과 같습니다.

손님 그 방법이 '必然'을 형용사라고 하는 것보다 확실히 훨씬 합리 적이군요. 그럼 마지막으로 동사와 형용사의 명사화 문제에 대해 선생님의 말씀을 듣고 싶습니다. 이번에 두 차례의 토론 을 통해 보면, 선생님께서는 명사화라는 표현에 동의하지 않으 시는 듯합니다.

주인 저는 중국어에서 진정한 명사화는 모두 형식상의 표지가 있어야 한다고 생각합니다. 주어나 목적어 자리의 동사와 형용사에 대해 형식상의 변화가 없는데도 이를 명사로 바뀌었다고 말하는 것은 타당하지 않습니다.

손님 그렇다면 진정한 명사화는 무엇을 가리킵니까?

주인 서술어(谓词)와 서술어성 구(谓词性词组)의 뒤에 '的'를 붙여 명사성 성분으로 전환한 것이 진정한 명사화입니다. 이때 '的'는 명사화표지로 볼 수 있습니다.

손님 주어나 목적어 위치에 있는 동사와 형용사를 명사화라고 하는 것도 역시 의미뿐만 아니라 형식상으로도 근거가 있습니다. 예를 들어, 관형어의 수식을 받을 수 있으며 명사 대사를 사용하여 복지(复指)[4]할 수 있는 것 등이 그렇습니다. 서술어 위치의 동사나 형용사는 이러한 형식이 없습니다. 두 상황을 대비해보면, 주어나 목적어 위치의 동사와 형용사는 이미 명사화되었음이 더욱 분명해집니다.

주인 관형어의 수식을 받거나 명사나 대사를 사용하여 복지할 때는 전체 구조가 명사성 성분으로 바뀌었음을 설명할 뿐입니다. 결코 그 안의 동사나 형용사가 이미 명사화되었다고 말할 수는 없습니다. 예를 들어보겠습니다.

....

4) 역자주 : 앞에 나온 성분을 다시 지칭함.

(5) 他的去是有道理的。

그가 가는 것이 이치에 맞다.

(6) 自杀这种事这一带很常见。

자살 이런 사건은 이 일대에서 흔히 볼 수 있다.

이 두 문장에서 '他的去'와 '自杀这种事'은 부사의 수식도 받지 않았고 서술어가 될 수도 없기 때문에 분명히 명사성 성분입니다. 하지만 이를 근거로 그 안의 '去'와 '自杀'가 이미 명사성 성분으로 변했다고 증명할 수는 없습니다. 왜냐하면 다음과 같이 말할 수도 있기 때문입니다.

(7) 他的不去是有道理的。

그가 가지 않는 것이 이치에 맞다.

(8) 跳海自杀这种事这一带很常见。

바다에 투신자살하는 이런 일은 이 일대에서 흔히 볼 수 있다.

손님 리진시(黎锦熙) 선생님께서 이런 말씀을 하신 걸로 기억합니다. 동사와 형용사가 단독으로 주어, 목적어가 될 때 이들은 "간단명료하게 말하면 바로 명사입니다(干脆说，就是名词)." 만약 앞뒤에 부사어, 목적어, 보어 등이 붙는다면, 구 전체는 명사성이지만, 그 안의 동사와 형용사의 문법 성질은 변함없이 그대로 동사, 형용사라는 것입니다.

주인 그 말대로라면 서술어 자리의 동사나 형용사는 주어, 목적어

자리의 동사나 형용사와 성질이 다르고, 또 주어, 목적어 자리
의 동사와 형용사의 성질도 명확하지 않아 수시로 품사 전환
을 해야 합니다. 비교해 보십시오.

　(9) 去是有道理的。
　　　가는 것이 이치에 맞다.

　(10) 不去是有道理的。
　　　가지 않는 것이 이치에 맞다.

　(11) 暂时不去是有道理的。
　　　잠시 가지 않는 것이 이치에 맞다.

　(12) 他暂时不去是有道理的。
　　　그가 잠시 가지 않는 것이 이치에 맞다.

　(13) 他的去是有道理的。
　　　그가 가는 것이 이치에 맞다.

　(14) 他的不去是有道理的。
　　　그가 가지 않는 것이 이치에 맞다.

　(15) 他的暂时不去是有道理的。
　　　그가 잠시 가지 않는 것이 이치에 맞다.

동사 '去'는 (9)에서 명사로 전환되었는데 (10)(11)(12)(14) (15)
에서는 다시 동사로 환원되고 (13)에서는 또다시 명사로 바뀝
니다. 또 동사구 '不去'도 (10)에서는 명사구로 전환되었지만

(11)(12)(15)에서는 다시 동사구로 환원되었고 (14)에서는 또 다시 명사구로 바뀝니다. 동사구 '暂时不去'도 (11)에서는 명사구로 전환되고 (12)에서 또다시 원래의 동사구로 환원되며 (15)에서는 또다시 명사구로 전환됩니다. 이런 식의 품사전환은 이론적으로도 근거가 부족하고 학습자들도 이해하기가 어렵습니다.

손님 선생님께서는 어디선가 일부 동사와 형용사는 명사의 성질을 겸유하고 있다고 말씀하신 걸로 기억합니다. '编辑(편집(하다))'와 '报告(보고(하다))'는 모두 동작(행위)을 나타내지만, 전자와 후자는 각각 사람과 문서를 가리키기도 합니다. 선생님께서 말씀하신 동사가 명사의 성질을 공유한다는 것은 이런 경우를 말씀하는 것인가요?

주인 아닙니다. '编辑'나 '报告'와 같은 동사들은 두 가지 의미가 완전히 다르므로 서로 다른 단어로 보아야 합니다. 동작을 가리키는 것은 동사이고, 사람이나 사물을 가리키는 것은 명사입니다. 제가 말하는 일부 동사와 형용사가 명사의 성질을 공유하고 있다는 것은 다른 경우를 가리킵니다. 우리는 명사가 동사 '有'의 목적어가 될 수 있고(A), '的'자 없이도 직접 명사를 수식할 수 있으며(B) 다른 명사의 직접 수식('的'자 없이)을 받을 수도 있음(C)을 알고 있습니다. 이들은 모두 일반적인 동사에는 없는 기능입니다. 하지만 일부 이음절 동사들은 이 세 가지 기능을 모두 가지고 있습니다. 예를 보겠습니다.

중국어 문법에 관한 대담

A	B	C
有研究 연구가 있다	研究方向 연구방향	历史研究 역사연구
有组织 조직이 있다	组织能力 조직능력	政治组织 정치조직
有准备 준비가 되었다	准备时间 준비시간	精神准备 정신적 준비
有调查 조사가 있다	调查方法 조사방법	农村调查 농촌조사
有领导 지도자가 있다	领导同志 지도자동지	上级领导 상급지도자

이들 동사는 명사의 성질을 공유하고 있음을 알 수 있습니다. 일반적인 동사와 구분하기 위해 이들은 명동사(名动词)라 부를 수 있습니다. 또한 일부 형용사도 A와 C의 두 가지 기능을 모두 가집니다. (B를 말하지 않은 것은 거의 모든 형용사가 모두 B항의 기능을 가지므로 이 항목이 형용사에 대해서 변별작용이 없기 때문입니다.) 예를 들면 다음과 같습니다.

A	C
有困难 어려움이 있다	经济困难 경제적 어려움
有危险 위험이 있다	生命危险 생명의 위험
有自由 자유가 있다	婚姻由自 결혼의 자유

이 형용사들은 명사의 성질도 함께 가지므로, '명형사(名形词)'라 할 수 있습니다. 제가 말씀드린 일부 동사와 형용사가 명사의 성질을 가지는 경우는 바로 이러한 명동사와 명형사를 말합니다.

손님 명동사와 명형사는 명사성 성질을 가지는 동사와 형용사입니다. 선생님께서 말씀하신 품사분류의 상대성 이치에 따르면, 이들은 역으로 동사와 형용사의 성질을 갖는 명사로 볼 수도 있습니다. 즉 이들을 동명사와 형명사로 부를 수도 있는데 선생님께서는 명동사와 명형사라고 하셨습니다. 그 근거가 무엇입니까?

주인 두 방법의 실질은 같습니다. 하지만 어느 방법을 선택하는가는 우리가 명사, 동사, 형용사를 어떻게 정의하는가와 관련이 있습니다. 만약 두 종류의 단어들을 명사 내의 한 부류라고 본다면, 처음에 명사에 정의를 내릴 때 이들을 포함시켜야 합니다. 다시 말하면, (A)(B)(C) 세 항목의 기능을 직접 또는 간접적으로 명사의 분류 기준에 포함시켜야 합니다. 하지만 실제 상황으로 이렇게 처리하는 것이 번거롭기 때문에 이 방법을 채택하지 않는 것입니다.

손님 제가 보기에는 또 하나의 처리방법이 있습니다. 즉, 명동사를 동사와 명사의 겸류사로 설명하고, 명형사를 형용사와 명사의 겸류사로 설명하는 것입니다.

주인 네. 그렇게 할 수도 있습니다. 하지만 이 방법은 단점이 있습니다. 하나의 단어가 갑과 을의 두 품사에 모두 속한다면, 우리는 이 단어가 어느 문법 위치에서 갑이 되고 어느 위치에서 을이 되는지를 항상 결정해야 합니다. 하지만 명동사와 명형사가 단독으로 주어나 목적어 위치에 있을 때는 그것이 동사인지 형용사인지, 아니면 명사인지를 결정할 수가 없습니다.

예를 들어 다음 두 문장에서 '调查'와 '困难'이 그렇습니다.

(16) 调查很重要。
　　　조사가 아주 중요하다.

(17) 我不怕困难。
　　　나는 어려움이 두렵지 않다.

명동사와 명형사라는 표현을 채택하게 되면 이러한 문제에 답을 할 필요가 없습니다.

손님 중국어의 동사와 형용사는 문법기능에서 명사와 대립되는데, 일부 동사와 형용사가 명사의 성질을 공유하고 있다고 말하는 것은 이와 상호 모순이 아닌가요?

주인 모순되지 않습니다. 왜냐하면 우리는 결코 모든 동사와 형용사가 명사의 성질을 공유하고 있다고 하지 않았기 때문입니다. 영어 동사의 부정형식과 분사형식도 마찬가지로 동사와 명사의 두 가지 성질(이중성)을 가지고 있습니다. 이 때문에 Otto Jespersen은 영어 동사의 분사형식을 동사와 명사의 혼혈아로 비유하기도 했습니다. 중국어의 명동사와 명형사도 이와 유사한 현상입니다.

손님 마지막으로 하나 더 여쭙고 싶습니다. 명동사와 명형사를 변별하는 동사로는 '有(있다)' 이외에 어떤 것이 있습니까?

주인 명형사를 변별하는 것으로는 '有' 밖에 없습니다. 명동사를 변별하는 것은 '有' 이외에 '进行(진행하다), 受到(받다), 加以(…하다), 予以(…을 주다)' 등도 있습니다. 이러한 동사들이 요구하는 목적어는 음절수, 의미, 품사 등 여러 방면에 제한을 받습니다. 음절수에서는 이음절어로 제한되고, 의미적으로는 반드시 동작, 행위를 나타내야 하며, 품사로는 명사(예를 들어 '进行战争(전쟁을 하다)', '进行手术(수술을 하다)'에서 '战争(전쟁)'과 '手术(수술)'와 명동사로 제한됩니다. 하지만 동작을 나타내는 순수 명사가 거의 없기 때문에 이들 동사의 목적어는 사실상 모두 명동사입니다.

03
주어와 목적어

손님 이번에는 주어와 목적어에 대해 여쭙겠습니다. 선생님께서는 지난번에 품사분류는 단어의 의미가 아닌 분포만을 근거로 해야 한다고 말씀하셨습니다. 하지만 문장의 주어와 목적어를 결정할 때 의미도 생각하지 않을 수가 없습니다. 요 며칠 저는 주어와 목적어 문제에 관한 50년대의 논문들을 살펴보았습니다. 여러 견해들이 있었지만 정리해보면 대체로 두 가지로 요약할 수 있습니다. 주어와 목적어를 구분하는데 있어 하나는 의미를 근거로 하는 것이고 또 하나는 어순을 근거로 하는 것입니다. 예를 들어보겠습니다.

(1) 台上坐着主席团。
    단상 위에 주석단이 앉아있다.

(2) 这个字谁不认识?

　이 글자를 누가 모를까?

(3) 明天我们开会。

　내일 우리는 회의를 한다.

어순을 주장하는 견해는 동사 앞의 명사는 모두 주어이고, 동사 뒤의 명사는 모두 목적어라고 보았습니다. 위 세 문장에서 '台上(단상)', '这个字(이 글자)', '明天(내일)'은 모두 동사 앞에 있으므로 주어가 됩니다. 반면, 의미를 주장하는 견해는 동작주와 수동자의 관계에 따라 주어와 목적어를 구분해야 한다고 주장합니다. (1)의 '主席团', (2)의 '谁', (3)의 '我们'은 모두 동작주이므로 주어가 되고, (2)의 '这个字'의 수동자이므로 전치된 목적어로 보아야 한다는 것입니다. 이 두 가지 주장 중에 어느 것이 맞는지 저는 판단하기가 어렵습니다. 하지만 상식적으로 문장은 당연히 의미가 있는 것이기 때문에 문장의 구조를 분석할 때도 당연히 의미를 완전히 배제할 수는 없는 것 같습니다. 따라서 어순을 근거로 주어와 목적어를 구분하는 것은 문제를 너무 단순화시킨 것이 아닌가요?

주어 의미를 주장하는 견해는 동작주와 수동자의 관계에 따라 주어와 목적어를 구분합니다. 주어는 동작주로, 목적어는 수동자로 한정하죠. 하지만 문장에서 명사와 동사와의 의미 관계는 다양하므로 동작주와 수동자의 두 가지로만 제한할 수는 없습니다. 예를 보겠습니다.

(4) 他写了一首诗。

그는 시 한 수를 썼다.

(5) 那幢房子早就拆掉了。

그 집은 벌써 철거하였다.

(6) 这位同学我没跟他说过话。

이 친구, 나는 그와 말을 해본 적이 없다.

(7) 每人给一样礼物。

모든 사람에게 하나씩 선물을 준다.

(8) 凉水洗不干净油腻。

차가운 물로는 기름때를 깨끗이 씻을 수 없다.

(9) 你的钥匙开不了我的锁。

너의 열쇠로는 내 자물쇠를 열 수 없다.

위 문장에서 문두의 명사성 성분과 그 뒤 동사와의 의미관계
는 각각 다릅니다. (4)의 '他(그)'는 동작주이고 (5)의 '那幢房
子(그 집)'는 수동자이며, (6)의 '这位同学(이 친구)'와 (7)의
'每人(모든 사람)'은 모두 동작주나 수동자 이외의 관련 대상으
로 수혜자라 부를 수 있습니다. 또 (8)(9)의 '凉水(찬물)'와 '你
的钥匙(너의 열쇠)'는 모두 도구입니다. 만약 주어가 동작주만
을 가리키고 목적어가 수동자만을 가리킨다고 제한한다면,
(6)~(9)와 같은 문형은 설명할 방법이 없습니다. 이 문제를 해
결하기 위하여, 혹자는 이러한 문형의 수혜자와 도구를 나타내
는 명사성 성분을 위해 특별히 '관계어(关系语)'라는 이름을 지

었습니다. 관계어는 주어, 목적어 이외의 또 다른 문장성분을 말합니다.

손님 아주 기발하군요. 명칭 하나를 추가함으로써 큰 문제를 해결했으니까요.

주인 그렇지만도 않습니다. 이 방법의 실질은 주어, 목적어, 관계어 등의 문장성분과 동작주, 수동자, 수혜자, 도구 등의 의미역 사이에 간단한 대응관계가 있다고 본 것입니다. 즉, 주어는 모두 동작주를 가리키고, 목적어는 모두 수동자를 가리키며, 관계어는 모두 수혜자나 도구를 가리킨다고 본 것입니다. 만약 실제로 그렇다면, 주어, 목적어 등은 결국 동작주, 수동자 등과 동일한 것이 되어버리지 않나요? 그럴 바에는 직접 주어를 동작주로, 목적어를 수동자로, 관계어를 수혜자나 도구라고 바로 부르면 되지, 왜 주어, 목적어, 관계어 등의 명칭을 만들었나요? 이러한 방법의 실질은 결국 문장성분의 개념을 없애고 순전히 의미로만 문장을 분석하는 것입니다. 하지만 실제로 이러한 주장을 끝까지 관철시킨 사람은 아무도 없었습니다.

손님 그 이유는 무엇인가요?

주인 이 주장에 따르면 동작주는 동사 앞(主席团坐在台上 주석단이 단상에 앉아있다)에 있든 뒤(台上坐着主席团 연단에 주석단이 앉아있다)에 있든 상관없이 모두 주어로 봅니다. 또 수동자는 동사 뒤(我念过这本书 나는 이 책을 읽은 적이 있다)에 있든 동사 앞(这本书我念过 이 책, 나는 읽은 적이 있다)에 있든 상관없이 모두 목적어로 봅니다. 만약 이 원칙을 끝까지 지킬 수 있다면 하나의 주장이 될 수도 있습니다. 하지만, 수혜자와 도구에 대해서는 의미에 따른 문장성분 구분의 원칙을 버리고 동사 앞의 수혜자와 도구만을 관계어로 보고 동사 뒤의 수혜자와 도구는 일률적으로 관계어가 아닌 목적어로 본다는 것입니다. 예는 다음과 같습니다.

(10) 给每人一样礼物。
　　　모든 사람에게 선물을 하나씩 준다.
(11) 我喜欢洗凉水。
　　　나는 찬물로 씻는 것을 좋아한다.

(7)과 (10)의 '每人'은 모두 수혜자, (8)과 (11)의 '凉水'는 모두 도구입니다. 단지 문장 내에서 위치가 다르다는 이유로, (7)(8)의 '每人'과 '凉水'는 관계어가 되고 (10)(11)의 '每人'과 '凉水'는 목적어가 된다고 하는 것은 이상합니다. 원래 의미에 따라 주어와 목적어를 구분하기로 하였는데 결과적으로는 오히려 어순을 주장하는 쪽으로 가버렸습니다.

손님 동작주와 수동자의 관계에 따라 주어와 목적어를 구분하기를 주장하는 사람들 중에는 동사 앞의 수혜자와 도구를 나타내는 명사성 성분을 주어로 보는 사람도 있는 걸로 기억합니다.

주인 맞습니다. 어떤 사람들은 수혜자와 도구는 주어가 될 수 있다고 인정하면서도 수동자는 주어가 될 수 없다고 말합니다. 이는 융통성이 없는 규정이며 이치에도 맞지 않습니다. 그러면서 동사 뒤의 수혜자와 도구를 나타내는 성분은 또 주어가 아닌 목적어라고 합니다. 이 점에서 그들도 '관계어'를 주장하는 사람들의 경우와 마찬가지로 부지불식간에 어순파에 합류되어 버립니다.

손님 선생님께서는 의미에 따라 주어, 목적어를 구분하는 것에 반대하시는 것으로 보입니다. 그렇다면 선생님께서는 당연히 어순파(어순을 주장하는 사람들)이겠군요.

주인 전체적으로는 어순을 주장하는 사람들의 견해를 받아들일 수 있습니다. 그렇지만 저를 어순파라고 할 수는 없습니다. 왜냐하면 제 생각으로 주어와 목적어 구분의 관건은 위치의 전후 관계가 아니기 때문입니다.

손님 무슨 말씀인지 잘 모르겠습니다. 설명을 좀 해 주시겠습니까?

주인 좋습니다. 먼저 주어와 목적어를 구분한다는 것이 실질적으로 무엇인지 보겠습니다. 우리는 주어는 서술어(谓语)에 대해 말하는 것이고, 목적어는 술어(述语)에 대해 말하는 것임을 알고 있습니다.[5] 주어와 목적어 사이에는 구조상 직접적인 관계가

....

5) 역자주 : 일반적으로 중국어 문법에서 말하는 서술어는 谓语이며, 이를 述语라고도 하여 같은 개념으로 보는 경우가 많다. 하지만 이 책(원서)에서는

없습니다. 표면적으로 보면, '张老师教地理(장 선생님은 지리를 가르친다)'에서 동사 '教(가르치다)'를 중심으로 한 쪽은 주어와 다른 한 쪽은 목적어와 연결되어 마치 양자가 동일한 평면상에 위치해 있는 것 같습니다. 하지만 사실은 주어 '张老师(장 선생님)'는 서술어 '教地理(지리를 가르친다)'와 관계를 맺고, 목적어 '地理(지리)'는 술어 '教(가르치다)'와 관계를 맺고 있습니다. 주어 뒤에는 반드시 서술어가 있지만 목적어가 꼭 필요하지는 않습니다. 또 목적어 앞에도 반드시 술어가 있지만 주어가 꼭 필요한 것은 아닙니다. (예를 들어 '教地理的张老师来了(지리를 가르치는 장 선생님이 오셨다)'에서 술어 '教' 뒤에 목적어가 있지만 앞에 주어는 없습니다.) 따라서 문장 안에서 하나의 성분이 주어인지 목적어인지를 결정하는 것은 사실 이 성분을 포함하는 구조가 주술구조인지 술목구조인지를 결정하는 문제인 것입니다.

손님 그럼 주술구조와 술목구조의 차이는 도대체 무엇입니까? 이 두 가지 상이한 구조를 어떻게 구분할 수 있습니까?

주인 문법학자들에게 이것은 복잡한 문제입니다. 아직까지 주술구

....

이들을 구분하고 있는데, 전자는 주어가 무엇을 하거나 어떠하다라는 것을 진술(설명)하는 부분으로 보어와 함께 谓语部分이라고 말하기도 하지만, 후자는 주로 목적어를 수반하는 동사(구)를 말한다. 이 역서에서는 이들을 각각 서술어와 술어로 구분하여 번역하기로 하였으며, 主谓结构와 述宾结构는 각각 주술구조, 술목구조로 번역하기로 한다.

조나 술목구조 등의 기본 문법개념에 엄격한 정의를 내린 사람은 없습니다. 이는 현대 생물학자들도 생명, 동물, 식물 등의 기본 생물학 개념에 엄격한 정의를 내릴 수 없는 것과 마찬가지입니다. 하지만 어릴 때부터 중국어를 모국어로 말하는 일반 사람들에게 이 문제는 오히려 간단합니다. 그들은 통사구조는 잘 몰라도, 또 주어나 목적어, 주술구조, 술목구조 등의 용어는 더더욱 잘 몰라도 자신의 어감으로 통사구조가 같은지 다른지를 판단할 수 있습니다. 예를 들어보겠습니다.

(a) 买票 표를 사다
(b) 住人 사람이 살다
(c) 票买了 표를 샀다
(d) 人走了 사람이 갔다

의미에 따른 주어, 목적어의 구분을 주장하는 문법학자들이 보기에, (a)는 (c)와 구조가 같으며, 이때 '票(표)'는 모두 목적어입니다. 또 그들에게 (b)는 (d)와 구조가 같으며, 이때 '人(사람)'은 모두 주어입니다. 하지만 어려서부터 중국어를 말하는 보통사람들의 어감으로는 (a)와 (b)가 같은 종류이고, (c)와 (d)가 같은 종류입니다. 이러한 어감을 정확히 말로 설명하기는 어렵지만, 그들은 자기들의 언어행위에서 이를 관찰할 수 있습니다. 비교해봅시다.

买票 표를 산다	住人 사람이 산다
不买票 표를 사지 않는다	不住人 사람이 살지 않는다
买不买票 표를 삽니까 안 삽니까	住不住人 사람이 삽니까 안 삽니까
买票不买 표를 삽니까 안 삽니까	住人不住 사람이 삽니까 안 삽니까
没买票 표를 안 샀습니다	没住人 사람이 살지 않았습니다
买票没有 표를 샀습니까	住人没有 사람이 살았습니까
买了票了 표를 샀다	住了人了 사람이 산다
买一张票 표 한 장을 산다	住一个人 한 사람이 산다
买他几张票 그에게 표 몇 장을 사준다	住他几个人 몇 사람이 삽니까
买不了票 표를 못 산다	住不了人 사람이 못 산다

(a)와 (b)의 이러한 구조상의 대응은 양자가 동일한 구조임을 말해줍니다. 원어민의 어감은 바로 여기서 온 것입니다. (물론 이러한 구조상의 대응은 원어민의 어감의 표현이라고 말할 수도 있습니다.) (a)(b)와 마찬가지로 (c)와 (d) 사이도 구조상의 대응이 존재합니다. 하지만, (a)(b)와 (c)(d) 사이에는 이러한 대응이 없습니다. 이로써 (c)(d)는 (a)(b)와 서로 다른 구조임을 알 수 있습니다.

손님 선생님께서 위의 네 가지 예를 든 의도를 알 수 있을 것 같습니다. (a)(c)에서 '票'는 모두 수동자이고 (b)(d)에서 '人'은 모두 동작주입니다. 하지만 구조적으로 보면 (a)(b)는 모두 술목구조, (c)(d)는 모두 주술구조입니다. 이로써 동작주와 수동자의 관계로 주어와 목적어를 구분하는 것은 불가능함을 알 수 있습니다. 또한 주어와 목적어의 구분도 단순히 위치로만 결정되는 것이 아닙니다. '住人'에서 '人'이 목적어인 이유는 그것이 단지 동사 뒤에 위치하기 때문만은 아닙니다. 그보다 더 중요한 것은 '住人'이 '买票'와 같은 전형적인 술목구조와 구조적으로 같기 때문입니다. 이렇게 설명하면 맞습니까?

주인 맞습니다. 50년대에 주어와 목적어 문제에 대해 토론을 할 때, 동작주와 수동자의 관계에 따라 주어와 목적어를 결정해야 한다고 주장하는 사람들은 어순파에 대해 위치로만 주어, 목적어를 결정하는 것은 형식주의라고 비판하였습니다. 그런데 사실 어순파의 결론은 그 어순보다도 더 깊은 근거가 있었는데, 그들은 아쉽게도 당시에는 이 점을 알아차리지 못했습니다. 자신들이 이론적으로 다소 부족하다고 생각했죠. 지금 보면 어순파라는 명칭 자체가 옳지 않았습니다.

손님 어순파의 견해도 모두 옳지는 아닙니다. 예를 들어 그들은 동사 앞에서 시간과 장소를 나타내는 명사성 성분을 주어로 보았습니다. 이에 대해 많은 사람들이 동의할 수 없었고 저도 좀 억지라고 생각합니다. 이러한 성분들은 동작 발생의 시간이나 장소를 설명하기 때문에 분명히 수식성분이며, 따라서 부사어로 보아야 맞습니다. 이를 어떻게 주어라고 할 수 있습니까?

주인 인도유럽어에서 이들은 모두 부사성으로 부사어가 맞습니다. 인도유럽어 문법을 배운 사람들은 종종 이를 보편원칙으로 받아들였고, 또 모든 언어가 그렇다고 생각합니다. 당신도 이러한 관념의 영향을 받았음을 알 수 있습니다. 하지만 사실 이것은 일종의 편견에 불과합니다.

손님 선생님께서는 이 부분에 있어서는 어순파의 주장에 동의하시는 듯합니다. 그렇다면 여쭈어보겠습니다. 중국어 문장에서 동사 앞에 위치하여 시간과 장소를 나타내는 단어를 수식어가 아닌 주어로 보는 근거가 무엇입니까?

주인 저는 이러한 성분이 모두 주어라고 생각하지는 않습니다. 하지만 그 가운데 확실히 대부분은 주어로 보아야 합니다. 선생님께서 제게 근거가 무엇인지 물으셨는데요. 근거는 이러한 성분을 포함하는 구조가 주술구조와 대응하는 반면 수식구조와는 공통점이 별로 없다는 것입니다. 예를 들어 말씀드리겠습니다. (앞에 부호 *가 있는 문장은 비문임)

(A) 他们种树 그들이 나무를 심는다	(B) 今天(这儿)种树 오늘 (여기에) 나무를 심는다	(C) 马上种树 곧 나무를 심는다
他们不种树 그들이 나무를 안 심는다	今天(这儿)不种树 오늘 (여기에) 나무를 안 심는다	*马上不种树
他们种不种树 그들이 나무를 심습니까 안 심습니까	今天(这儿)种不种树 오늘 (여기에) 나무를 심습니까 안 심습니까	*马上种不种树
他们没种树 그들이 나무를 심지 않았다	今天(这儿)没种树 오늘 (여기에) 나무를 심지 않았다	*马上没种树
他们种树没有 그들이 나무를 심었습니까	今天(这儿)种树没有 오늘 (여기에) 나무를 심었습니까	*马上种树没有
他们是不是种树 그들은 나무를 심습니까	今天(这儿)是不是种树 오늘 (여기에) 나무를 심습니까	*马上是不是种树
他们也许种树 그들은 아마도 나무를 심을 것이다	今天(这儿)也许种树 오늘 (여기에) 아마도 나무를 심을 것이다	*马上也许种树
他们要是种树… 그들이 만약 나무를 심는다면…	今天(这儿)要是种树… 오늘 (여기에) 나무를 심는다면…	*马上要是种树…
他们不但种树… 그들은 나무를 심을 뿐 아니라…	今天(这儿)不但种树… 오늘 (여기에) 나무를 심을 뿐 아니라…	*马上不但种树…
他们所种的树… 그들이 심은 나무는 …	今天(这儿)所种的树… 오늘 (여기에) 심은 나무는 …	*马上所种的树…

A는 주술구조이고 C는 수식구조이며, B는 현재 토론 중인 동사 앞에 시간이나 장소 단어가 있는 구조입니다. 의미상으로 보면 B와 C가 가까운 것 같습니다. 하지만 B와 A는 상호 대

응구조이지만 B와 C는 공통점이 별로 없습니다. 이것이 바로 우리가 B를 수식구조가 아닌 주술구조로 보는 중요한 근거입니다.

손님 선생님께서는 B와 C가 공통점이 별로 없다고 하셨는데, 제가 보기에는 꼭 그렇지만도 않습니다. 예를 들겠습니다.

(B) 今天种树 오늘 나무를 심다	(C) 马上种树 곧 나무를 심다
是不是今天种树 오늘 나무를 심습니까	是不是马上种树 곧 나무를 심습니까
也许今天种树 아마도 오늘 나무를 심을 것이다	也许马上种树 아마도 곧 나무를 심을 것이다
要是今天种树 … 만약 오늘 나무를 심는다면 …	要是马上种树 … 만약 곧 나무를 심는다면 …
应该今天种树 오늘 나무를 심어야 한다	应该马上种树 곧 나무를 심어야 한다

주인 선생님께서 예로 든 대응형식은 A도 있습니다.

(A) 他们种树 그들이 나무를 심는다	(C) 马上种树 곧 나무를 심는다
是不是他们种树 그들이 나무를 심습니까	是不是马上种树 곧 나무를 심습니까
也许他们种树 아마도 그들이 나무를 심을 것이다	也许马上种树 아마도 곧 나무를 심을 것이다
要是他们种树 … 만약 그들이 나무를 심는다면…	要是马上种树 … 만약 곧 나무를 심는다면…
应该他们种树 그들이 나무를 심어야 한다	应该马上种树 곧 나무를 심어야 한다

이것이 주술구조와 동사 중심어인 수식구조의 공통점(모두 술어성 성분)임을 알 수 있습니다. 따라서 이러한 대응구조만으로는 B가 A와 가까운지 C와 가까운지를 판단하기에 근거가 부족합니다.

손님 선생님 말씀이 어느 정도 일리가 있다는 것은 인정하겠습니다. 하지만, 선생님의 견해를 받아들이기 전에 다시 한 번 잘 생각해 보아야 할 것 같습니다. 방금 선생님께서는 동사 앞에서 시간과 장소를 나타내는 단어가 모두 주어는 아니라고 말씀하셨는데, 이는 어떤 상황을 가리킵니까?

주인 주로 '炕上坐(구덩이에 앉다)', '屋里谈(집 안에서 이야기하다)'과 같은 구조를 가리킵니다.

손님 이러한 구조가 앞에서 논의한 '今天种树', '这儿种树'와 어떤 차이가 있습니까?

주인 이러한 구조는 주술구조와 대응되는 평행구조가 없다는 것이 차이입니다. 예를 들어 '*炕上坐没有/*炕上是不是坐/*炕上要是坐/*炕上不但坐'와 같은 표현이 없습니다. 그 밖에 이러한 구조는 강세가 앞의 처소사에 있는데, 이 또한 주술구조와 다릅니다. 비교해보겠습니다.

A	B	C
你们′谈	′屋里谈	′马上谈
你们′坐	′炕上坐	′好好儿坐
我们′去	′明天去	′也许去

A는 주술구조로 강세가 뒤의 서술어에 있지만, C는 수식구조로 강세가 앞의 부사어에 있습니다. B의 경우는 강세가 앞에 있는데, 이는 A가 아닌 C와 같습니다. 이도 B가 수식 구조라는 것을 증명합니다. '′明天去(′내일 간다)'는 '明天′去(내일 ′간다)'라고 말할 수도 있는데, 이때 두 문장은 의미가 다릅니다. '′明天去'는 질문 '哪天去(언제 가)?'에 대한 대답이고, '明天′去'는 질문 '明天去不去(내일 가니 안 가니)?'에 대한 대답입니다. 위의 견해에 따르면, '′明天去'의 '明天'은 부사어이고 '明天′去'의 '明天'은 주어가 됩니다.

손님 알겠습니다. 이 문제는 여기서 정리하겠습니다. 그런데 어순파에 대한 또 하나의 비판이 있습니다. 의미와 무관하게 완전히 위치(선생님의 표현으로는 구조)만을 근거로 주어와 목적어를 구분한다면 이들 명칭은 전혀 의미가 없는 것이 되어버립니다. 조금이라도 의미를 부여하게 되면 바로 문제가 생깁니다. 예를 들어, 일반적으로 주어는 문장의 화제라고 말합니다. 하지만 어순파가 주어라고 확정한 주어 중에는 화제 같지 않은 것도 있습니다. 가령 '前天有人从太原来(그제 어떤 사람이 타이위안에서 왔다)'에서 '前天(그제)'이나 '一会儿又下起雨

来(얼마 안 있어 또 비가 내리기 시작했다)'에서 '一会儿(곧)'
등이 그렇습니다. 이들을 화제라고 설명하는 것은 좀 억지주
장 같아 보입니다. 이러한 비판에 대해 선생님께서는 어떻게
생각하십니까?

주인　그런 비판을 하는 사람들은 어순파가 완전히 형식에만 근거하
여 확정한 주어나 목적어이므로 명확한 문법적 의미가 없다고
비난합니다. 이에 대해 우리는 역으로 반문할 수 있습니다. 그
렇다면 의미파가 동작주와 수동자의 관계에 근거하여 확정한
주어나 목적어가 명확한 문법적 의미를 가지는가 입니다. 만
약 주어가 모두 동작주를 말하고 목적어가 모두 수동자를 말
하는 것이라면 문제는 간단하지만, 아쉽게도 이는 사실에 어긋
납니다. 방금 우리는 동사 뒤에서 수동자, 수혜자, 도구, 장소
등을 나타내는 명사성 성분에 대해 의미파도 이것이 목적어임
을 인정한다고 말했습니다. 이렇게 다양한 목적어들 사이에
어떤 공통된 문법적 의미가 있을까요? 일반적으로 목적어는
동작의 지배나 영향을 받는 대상이라고 말합니다. 그렇다면
'洗凉水(찬물로 씻다), 晒太阳(태양을 쬐다), 飞北京(베이징으
로 날아가다)'에서 목적어'凉水(찬물), 太阳(태양), 北京(베이
징)'을 '洗(씻다), 晒(쬐다), 飞(날다)'가 나타내는 동작의 지배
를 받는 대상이라고 설명하는 것은 지나친 억지 아닌가요? 우
리가 이러한 귀찮은 문제에 직면한 이유는 주어와 서술어(谓
语), 목적어와 술어(述语)사이의 의미 관계가 상당히 복잡하기
때문입니다. 이러한 복잡한 관계를 개괄하는 것은 아주 어렵

습니다. 지나치게 구체적으로 말하면 보편성이 결여됩니다. 보편성을 확보하기 위해서는 다소 추상적이고 공허해 보이는 것을 피하기는 어렵습니다. 하지만 어쩔 수 없습니다. 어느 기준으로 주어와 목적어를 확정하더라도 모두 이러한 어려움에 부딪히게 될 것입니다. 따라서 주어는 화제이고 주제이며 진술의 대상이라는 말은 광의적으로 이해할 수밖에 없습니다. 이런 견해에 비추어 볼 때, '前天有人从太原来'에서 '前天'은 화제라 해도 무방합니다. 특히 '前天有人从太原来'와 '昨天有人从西安来(어제 어떤 사람이 시안에서 왔다)'를 대조하여 말할 때, 이들 문장 속의 시간사를 화제로 설명하는 것이 결코 억지가 아님을 더욱 잘 알 수 있습니다.

손님 주어, 목적어 문제에 대한 선생님의 견해를 이제 좀 알겠습니다. 하지만 여쭈어볼 문제가 하나 더 있습니다. 앞의 토론에서 우리는 주어, 목적어, 동작주, 수동자, 수혜자, 도구, 화제 등과 같은 많은 개념에 대해 이야기했습니다. 그 중에 주어와 목적어는 통사적인 개념이고 나머지는 의미적인 개념입니다. 의미 개념 안에서 동작주, 수동자, 수혜자 등은 화제나 진술과 또 차이가 있는 것 같습니다. 이들 개념의 성질과 그들 사이의 관계에 대해 설명을 좀 해주시겠습니까?

주인 아주 좋은 질문입니다. 50년대 주어와 목적어 문제에 대한 토론에서 많은 황당한 주장들이 나왔는데, 그 중에 일부는 이러한 개념의 성질을 정확히 이해하지 못한 데서 온 것들입니다.

문법 분석을 하는데 있어 구조와 의미, 표현의 세 가지 영역은 반드시 명확히 구분해야 합니다. 구조영역은 문장 내 각 부분 간의 형식적인 관계를 연구합니다. 의미영역은 이 부분들의 의미 관계를 연구하고, 표현영역은 동일한 의미관계의 서로 다른 표현형식 간의 차이를 연구합니다. 이 세 영역은 서로 관계가 있으면서 또 차이도 있기 때문에 한데 묶어서 말할 수는 없습니다. 위에서 말한 개념들 중에, 주어와 목적어는 구조영역에 속하고 동작주와 수동자, 수혜자, 도구 등은 의미영역에 속하며, 화제와 진술은 표현영역에 속합니다.[6)]

손님 화제와 진술도 역시 의미의 각도에서 말한 것인데, 왜 동작주, 수동자와 구분해서 다른 영역에 속한다고 합니까?

주인 이 문제는 예를 들어 설명하는 것이 좋겠습니다.

(12) 李大夫(施事)去年用中草药给一位病人治好了关节炎。
이(李) 선생님(동작주)은 작년에 한약으로 한 환자에게 관절염을 완치해 주었다.

(13) 这位病人的关节炎(受事), 李大夫去年用中草药给他治好了。
이 환자의 관절염(수동자)은 이 선생님이 작년에 한약으로 완치시켰다.

....

6) 역자주: 여기서 말하는 구조영역과 표현영역은 일반적으로 각각 통사영역과 화용영역이라고도 한다.

(14) 这位病人(与事), 李大夫去年用中草药给他治好了关节炎。

이 환자는(수혜자) 이 선생님이 작년에 한약으로 관절염을 완치시켰다.

(15) 这种中草药(工具), 李大夫去年用它给一位病人治好了关节炎。

이 한약은(도구) 이 선생님이 작년에 한 환자에게 사용하여 관절염을 완치시켰다.

(16) 去年(时间)李大夫用中草药给一位病人治好了关节炎。

작년(시간)에 이 선생님은 한약을 사용하여 한 환자에게 관절염을 완치시켰다.

이 다섯 문장은 구조가 다르고 의미도 약간 차이가 있습니다. 하지만 문장 안의 각 명사성 성분과 주요 동사와의 의미관계는 시종일관 변함이 없습니다. 즉, '李大夫(이 선생님)'는 동작주, '中草药(한약)'는 도구, '病人(환자)'는 수혜자, '关节炎(관절염)'은 수동자, '去年(작년)'은 시간입니다. 이는 의미의 각도에서 본 것입니다. 표현의 각도에서 보면, 동일한 의미 관계라도 서로 다른 형식으로 표현할 수 있습니다. 위의 5개 문장은 구성 성분들 간의 의미관계는 동일하지만 화자가 선택한 주어가 다르기 때문에 형식도 다릅니다. 예를 들어 (12)는 동작주를 주어로 하였고 (13)은 수동자를 주어로 하였습니다. 화자가 주어로 삼는 것은 그가 가장 관심 있는 것으로, 이를 이른바 화제라고 합니다. 서술어는 화자가 선택한 주어에 대한 설명입니다. 일반적으로 주어를 화제라고 말하는 것은 표현의 각도에서 한 말임을 알 수 있습니다. 주어를 동작주, 수동자, 수혜자 등으로 말하는 것은 의미의 각도에서 한 말입니다. 화제는 선택된 주어에 따라 달라지지만 문장 내 각 성분들 간의 의미관계는 시종 변함이 없습니다.

손님 그 부분은 이제 이해가 됩니다. 선생님께서 방금 구조영역은 문장 내 각 부분들 간의 형식적인 관계를 연구한다고 말씀하셨습니다. 형식이란 무엇을 말합니까?

주인 여기서 말하는 형식은 넓은 의미의 것입니다. 여기에는 단어들의 순서, 휴지, 강약세 및 일부 허사의 유무 등과 같은 유형적인 형식도 있지만, 품사, 층차, 변환 가능한 형식 등과 같은 무형적인 형식도 포함됩니다. 우리는 주술구조, 술목구조, 수식구조 등을 서로 다른 문법 구조로 보는데, 그 근거가 바로 이들의 형식적인 차이입니다. 예를 들어, 주술구조는 적어도 다음 몇 가지 형식적인 특징이 있습니다. 첫째, 정상적인 경우에 주어의 위치는 항상 서술어 앞입니다. 둘째, 주어는 체언성과 용언성이 모두 가능하며, 서술어는 일반적으로 항상 용언성 성분이 담당합니다. 셋째, 주어와 서술어 사이에 휴지가 올 수 있는데, 이 때 주어 뒤에는 '啊, 呢, 吧, 嘛' 등의 어기사가 와서 서술어와 간격을 둘 수 있습니다. 넷째, 주어와 서술어 사이에 '要是, 如果, 雖然, 即使' 등의 접속사가 올 수 있습니다.

여기서 세 번째와 네 번째 특징은 모두 주어와 서술어 사이의 연결이 비교적 느슨함을 보여주고 있습니다. 다섯째, 서술어 부분은 정반의문문의 형식으로 변환이 가능합니다.(他去~他去不去~他去没有 ~他是不是去)

손님 술목구조는 형식상 어떤 특징이 있습니까?

주인 첫째, 정상적인 경우에 목적어의 위치는 항상 술어 뒤입니다. 둘째, 술어는 항상 동사로 구성되며, 목적어는 명사성 또는 술어성 성분 모두 가능합니다. 셋째, 주술구조와 달리 술어와 목적어의 관계는 긴밀하여 둘 사이에 휴지를 둘 수 없습니다. 넷째, 술어 부분은 흔히 정반의문 형식으로 변환할 수 있습니다. (写信~写不写信) 다섯째, 술목구조는 부정사 '不'와 '没(有)'의 수식을 받아(写信~不写信~没写信) 부정형식이 됩니다. 여섯째, 긍정형식과 부정형식은 병렬식으로 사용되어 정반의문형식(写信~写信不写(信)~写信没写(信)~写信没有(写信))을 만들 수 있습니다. 일곱째, 만약 목적어가 명사성 성분이면 그 앞에 수량사가 올 수 있습니다. (写信~写一封信~写几封信)

손님 주술구조와 술목구조의 형식상의 특징은 말씀하신 것 외에도 더 있는 것 같습니다.

주인 물론입니다. 저는 몇 가지 예만 들었을 뿐입니다. 제가 설명하려는 것은, 주어와 목적어의 구분(실질적으로는 역시 주술구조와 술목구조의 구분이기도 합니다)은 여러 가지 형식적인 특징만을 근거로 해야 하며, 동작주나 수동자와 같은 의미 개념을 근거로 해서는 안 된다는 것입니다.

손님 그 점은 이제 잘 알겠습니다. 하지만 형식적인 특징을 근거로 구분하였기 때문에 주어는 모두 화제입니다. 그렇다면 화제를 사용하여 주어에 정의를 내릴 수가 있을까요?

주인 그것은 실제적인 의미가 없습니다. 왜냐하면 화제라는 개념 자체가 명확한 정의가 없기 때문입니다. 한 언어 성분이 화제인지 아닌지에 대한 논쟁은 끝이 없습니다. 앞에서 품사 문제를 이야기할 때 명사는 모두 사물을 가리킨다고 말했지만 역으로 사물을 가리키는 말을 모두 명사라고 할 수는 없습니다. 이 두 가지 상황은 유사합니다.

손님 선생님 이번 토론은 여기서 마무리할까 합니다. 마지막으로 하나만 더 여쭙고 싶습니다. 최근에 찰스 리(Charles Li)와 산드라 탐슨(Sandra Thompson)의 문법서 『중국어 문법(Mandarin Chinese)』[7]을 보았습니다. 이 책에서는 화제(topic)와 주어(subject), 목적어(object)를 구분하여 세 가지 서로 다른 문장성분으로 보고 있습니다. 화제의 정의에는 다음 세 가지 내용이 포함됩니다. (1)문두에 위치하고, (2)뒤에 휴지나 어기사가 올

---

7) 역자주 : Uinversity of California Press, 1989.

수 있으며, (3)의미상 진술의 주제를 나타낸다는 것입니다. 그런데 이것은 바로 흔히 말하는 주어와 같습니다. 이 책에서 말하는 주어는 동작의 출발자를 가리키는데, 이는 우리가 말하는 동작주와 같습니다. 또 목적어는 우리가 말하는 수동자와 같습니다. 저자는 이 세 가지 성분이 동시에 한 문장 안에 출현할 수 있다고 보았습니다.

(17) 今天我买菜。
오늘 나는 채소를 산다.

'今天(오늘)'은 화제이고 '我(나)'는 주어, '菜(채소)'는 목적어입니다. 화제가주어나 목적어와 겹치는 경우도 있습니다. 예는 다음과 같습니다.

(18) 我喜欢吃苹果。
나는 사과 먹기를 좋아합니다.

(19) 苹果我不喜欢吃。
사과는 나는 좋아하지 않는다.

(18)에서 '我'는 화제이자 주어이고, (19)에서 '苹果(사과)'는 화제이자 동시에 목적어입니다. 그 외, 화제와 주어와 목적어가 반드시 문장 안에 모두 출현하는 것은 아닙니다. 예를 보겠습니다.

(20) 那本书出版了。

그 책은 출판되었다.

(21) 我不吃。

나는 안 먹는다.

(22) 进来了一个人。

한 명이 들어왔다.

(20)은 주어가 없고 (21)은 목적어가 없으며, (22)는 화제도 없고 목적어도 없습니다. 선생님께서는 이렇게 말하는 것이 의미(가치)가 있다고 보십니까?

주인 무슨 의미(가치)가 있는지 모르겠습니다. 이러한 표현의 실질은 의미영역의 개념인 동작주와 수동자(이 책에서는 각각 주어와 목적어로 부름) 와 구조영역의 개념인 주어(이 책에서는 화제라 함)를 한데 묶어 일률적으로 문장성분으로 보고 있습니다. 제가 보기에 이는 원칙적으로 잘못된 것입니다.

손님 왜 그렇습니까?

주인 왜냐하면 구조와 의미의 두 가지 서로 다른 영역을 구분하지 않기 때문입니다. 또한 의미 개념에서 동작주(주어)와 수동자(목적어)만 문장성분으로 인정하고, 수혜자, 도구, 장소, 시간 등은 제외했습니다. 이러한 처리방법 역시 세밀하지 못합니다.

손님 하지만 어떤 사람들은 그러한 주장이 중국어 현실에 부합하는 새로운 체계라고 달리 평가를 합니다.

주인 평가는 다를 수 있지만, 이를 '새로운 체계'라 볼 수는 없을 것 같습니다. 왜냐하면 일찍이 40여 년 전에 뤼수샹(呂叔湘) 선생님의 『중국문법요략(中國文法要略)』8)에 이미 이와 유사한 주장이 있습니다. 이 책에서는 문장에서 주어, 목적어 외에도 시작어(起词)와 마침어(止词)도 있다고 보았습니다. 이 두 용어는 『마씨문통(马氏文通)』9)에서 따온 것으로, 각각 동작주와 수동자를 가리킵니다.10) 하지만 이러한 주장은 중국어 통사 분석에 실질적인 장점이 없기 때문에 『중국문법요략』 이후에 이렇게 주장하는 사람은 더 이상 없으며, 뤼 선생님도 이러한 주장을 일찌감치 포기하셨습니다.

....

8) 역자주: 商务印书馆, 1956.
9) 역자주: 마젠중(马建忠)이 쓴 중국 최초의 체계적인 문법서로 총 10권으로 구성되었으며, 1898년 간행됨.
10) 저자주: 『马氏文通·外动字四之一』: 凡受其行之所施者曰止词, 言其行之所自发者曰起词。(그 행위를 받는 객체는 止词라 하고, 그 행위를 하는 주체를 가리키는 말은 起词라 한다.)

04
관형어, 부사어, 보어 및 연동식, 겸어식

손님 지난번에 우리는 주어와 목적어에 대해 논의하였습니다. 이번에는 다른 문장성분에 대해 이야기해보는 것이 어떨까요?

주인 저는 문장성분이라는 명칭을 별로 좋아하지 않습니다. 이유는 뒤에서 말씀드리기로 하고, 우선은 문장성분으로 부르기로 하겠습니다. 일반적으로 주어, 서술어, 목적어, 관형어, 부사어, 보어를 '6대 문장성분'이라고 합니다. 하지만 이러한 표현은 오해를 불러일으키기 쉽습니다. 문장성분은 통사구조의 구성요소입니다. 예를 들어, 수식어(관형어와 부사어 포함)와 중심어는 수식구조의 구성요소이고, 술어와 목적어는 술목구조의 구성요소이며, 주어와 서술어는 주술구조의 구성요소입니다. 하지만 모든 문장성분을 생각한다면 이 6가지 성분뿐만이 아닙니다. 적어도 중심어와 술어의 두 가지가 더 추가됩니다. 여기서는 아직 관형어 뒤의 중심어와 부사어 뒤의 중심어는 구별하지 않았으며, 또 목적어 앞의 술어와 보어 앞의 술어도 구별하지 않았습니다. 사실 이렇게 서로 다른 구조의 구성요소는 성질이 원래 다르기 때문에 이들을 구별할 필요가 있습니다. 현재 동일한 명칭으로 두 가지 서로 다른 것을 지칭하는 이유는 단지 우리가 명칭을 많이 만들지 않았을 뿐, 결코 그들 사이에 어느 정도 공통점이 있어서가 아닙니다. 그리고 연동식도 다른 통사구조와 마찬가지로 앞뒤 두 개의 직접성분으로 구성된 일종의 기본 통사구조입니다. 이 두 가지 직접성분도 우리가 따로 이름만 짓지 않았을 뿐 당연히 문장 성분이 됩니다.

손님 그렇게 말씀하시니 문장성분의 수가 많아졌습니다.

주인 중요한 것은 숫자가 아닙니다. 제가 강조하고 싶은 것은, 문장성분은 통사구조의 구성요소일 뿐이며 문장성분에 대한 논의는 통사구조를 떠날 수 없다는 것입니다. 주어는 서술어(谓语)에 대응되는 것이고, 목적어는 술어(述语)에 대응되는 것이며, 관형어와 부사어는 중심어에 대응되는 것입니다. 따라서 우리는 서술어를 떠나서 주어를 말할 수 없고, 술어를 떠나서 목적어를 말할 수도 없으며, 또한 중심어를 떠나서 관형어와 부사어를 말할 수도 없습니다. 6대성분이라는 말은 통사구조 자체는 외면한 채 그 구성요소의 명칭만을 거론함으로써, 사람들에게 이들 성분과 그에 대응하는 성분 간의 밀접한 연관성을 잊어버리게(적어도 홀시하게) 만듭니다. '6'이라는 숫자가 정확한가 여부는 큰 문제가 아닙니다. 숫자는 '3대 기율(三大纪律), 8개 주의사항(八项注意)'처럼 정치적 요점을 개괄할 때는 간단하고 외우기도 쉬워 좋은 방법입니다. 하지만 이러한 방법은 학술적인 문제에 있어서는 별로 적합하지 않습니다. '8품사(八大词类), 6대성분(六大成分)'이라는 표현은 복잡한 문제를 지나치게 단순화시켜 사람들에게 쉽게 오해를 줄 수 있기 때문입니다. 중간에 말을 잘라서 미안합니다. 이제 질문을 하십시오.

손님 저의 첫 번째 질문은 관형어와 부사어를 어떻게 구분하는가입니다. 보통 책에서 내린 관형어와 부사어의 정의는 크게 도움이 되지 않는 것 같습니다.

주인 일반적으로 어느 한 문법구조(ab)의 구성요소(가령 a라고 합시다)가 이 구조 안에서 기능을 정할 때, a자체의 성질뿐만 아니라 이와 대응하는 성분 b의 성질과 전체 구조 ab의 성질도 함께 고려해야 합니다. 그러므로 하나의 수식구조에서 수식어가 관형어인지 부사어인지를 결정하기 위해서는 당연히 다음 항목들이 함께 고려되어야 합니다.

    (i) 수식어 자체의 성질
    (ii) 중심어의 성질
    (iii) 전체 수식구조의 성질

위 세 항목 중에 어느 것이든 단독으로 관형어와 부사어에 정의를 내릴 때 근거로 사용할 수 있지만, 효과는 차이가 납니다.

손님 선생님께서 말씀하신 효과란 무엇을 말합니까?

주인 정의의 개괄능력을 말합니다. 쉽게 말해서 효과의 정도인데, 비교해보면 항목(i)의 효과가 가장 낮은 것 같습니다.

손님 왜 그렇습니까?

주인 만약 (i)을 관형어와 부사어를 구분하는 근거로 삼는다면, 우리는 열거의 방법을 택할 수밖에 없습니다. 예를 들어, '명사, 수량사, 인칭대사로 이루어진 수식어는 모두 관형어이고, 부사로 이루어진 수식어는 모두 부사어이다'처럼 말입니다.

손님 형용사가 수식어가 되는 경우는 언급하지 않으셨습니다.

주인 형용사는 관형어도 될 수 있지만 부사어도 될 수 있기 때문입니다. '慢性子(느림보)'의 '慢'은 관형어이지만, '慢走(천천히 걷다. 안녕히 가세요)'의 '慢'은 부사어입니다. 또 '周密的想法(치밀한 생각)'에서 '周密的'는 관형어이지만, '周密的考慮一下(꼼꼼하게 고려하다)'에서 '周密的'는 부사어입니다. 결국 수식어 자체의 성격만을 근거로 해서는 관형어와 부사어의 경계를 명확히 구분할 수가 없습니다. 또한 이 정의에도 문제가 있습니다. 우리는 부사에 정의를 내릴 때 부사어 기능만 할 수 있는 단어를 부사라고 했습니다. 그런데 지금 부사어에 정의를 내릴 때 또 부사가 담당하는 수식어를 부사어라고 한다면, 이는 명백한 순환론이 되어버립니다.

손님 일반 문법서에서는 명사를 수식하는 것은 관형어이고 동사와 형용사를 수식하는 것은 부사어라고 말합니다. 이는 위 항목 (ii)를 근거로 구분한 것인데, 이것이 항목 (i)보다 더 효과적인 것 같지도 않습니다.

주인 맞습니다. 명사성 성분을 수식하는 것이 꼭 관형어는 아니기 때문입니다. '他都大学生了(그가 벌써 대학생이 되었다)/你才 傻瓜呢(너야말로 바보다)/剛好五个人(딱 다섯 명이다)'이 그 예입니다. 또 한편으로 술어성 성분을 수식하는 것이 모두 부사어도 아닙니다. '群众的支持(대중의 지지)/温度的下降(온도 하강)/价钱的便宜(가격의 저렴함)'가 그 예입니다. 이러한 예들이 너무나 많기 때문에 항목 (ii)를 근거로 한 정의는 큰 의미가 없습니다.

손님 혹자는 '群众的支持/温度的下降/价钱的便宜'에서 '支持(지지하다), 下降(내려가다), 便宜(싸다)'에 대해 이미 명사화되었으므로 앞의 수식어는 부사어가 아닌 관형어라고 말합니다. 이러한 설명도 합리적이지 않습니까?

주인 하지만 그에게 '支持, 下降, 便宜'가 이미 명사화되었다는 것을 어떻게 알 수 있는지 물으면, 그는 또 역으로 이들이 관형어의 수식을 받기 때문이라고 말할 것입니다. 이 또한 명백한 순환론입니다.

손님 그렇다면 (i)과 (ii)는 모두 효과가 좋지 않습니다. (iii)은 어떻습니까?

주인 만약 (iii)을 관형어와 부사어를 구분하는 기준으로 택하게 되면, 관형어와 부사어는 각각 명사성 수식구조와 술어성 수식구조에서 수식어라고 정의할 수 있습니다. 이 정의에 따르면 '(他)都大学生了/(你)才傻瓜呢/剛好五个人'은 술어성 수식구조이므로 그 중의 '都(벌써), 才(비로소), 剛好(딱)'는 부사어가 됩니다. 또 '群众的支持/温度的下降/价钱的便宜'는 명사성 수식구조이므로 그 중의 수식어는 관형어가 됩니다. 여기서 한 가지 특별히 설명할 것이 있습니다. 우리가 '群众的支持' 등을 명사성 수식구조라고 말하는 것은 결코 일부 문법서에서 말하는 것처럼 '支持'가 명사화 혹은 명물화되었기 때문이 아니라 전체 수식구조 자체가 명사성이기 때문입니다. 이 구조는 서술어가 될 수도 없고 부사의 수식을 받지도 않습니다. (iii)을 분류의 근거로 선택하면, 형용사가 수식어가 되는 경우에 대해서도 합리적인 설명이 가능합니다. '慢性子'는 명사성 수식구조이므로 이때 '慢'은 관형어가 되고, '慢走'는 술어성 수식구조이므로 이때 '慢'은 부사어가 됩니다. 또 다른 예를 보겠습니다.

(1) 周密的想法
　　자세한 생각

(2) 周密的调查一下
　　자세하게 조사해 보다

(3) 周密的调查这里的情况
　　이 곳의 상황을 자세하게 조사하다

(4) 已经周密的调查过了
　　이미 자세하게 조사하였다

(5) 进行周密的调查
　　자세한 조사를 진행하다

(6)　周密的调查很重要
　　자세한 조사가 중요하다

(1)은 명사성 수식구조로, '周密的'는 관형어입니다. 반면, (2)~(4)는 모두 술어성 수식구조로, '周密的'는 부사어입니다. (5)에서 '周密的调查'는 '进行'의 목적어가 됩니다. '进行'과 같은 동사는 목적어에 특별한 제한 조건이 있는데, 목적어 '周密的调查'는 다음 제한을 받습니다.

첫째, 부사의 수식을 받을 수 없습니다. 예를 들어 *进行马上周密的调查나 *进行立刻周密的调查라고 할 수는 없습니다. (马上(立刻)进行周密的调查(곧(즉시) 자세한 조사를 진행한다)라고 할 수밖에 없습니다.)

둘째, 동사 '调查' 뒤에 목적어를 가질 수 없습니다. 예를 들어 *进行周密的调查这件事的经过나 *进行周密的调查一次라고 말할 수는 없습니다.

이러한 현상은 '进行'의 목적어인 '周密的调查'가 명사성 수식 구조라는 것을 설명합니다. 정의에 따르면 이때 '周密的'는 당연히 관형어가 됩니다. 그리고 (6)에서 '周密的调查'는 주어 자리에 있습니다. 명사성 성분과 술어성 성분이 모두 주어가 될 수 있으므로, 이때 '周密的'는 관형어라 볼 수도 있고 부사어라 볼 수도 있습니다. 하지만 해석에 따라 의미상 미세한 차이가 있습니다.

손님 제가 보기에 선생님의 이 정의는 여전히 문제가 있습니다.

주인 왜 그렇습니까?

손님 예를 들어 '这个人黄头发(이 사람은 노랑머리다)'에서 '黄头发(노랑머리)'는 서술어 위치를 점하므로 술어성 수식구조로 보아야 합니다. 그런데 선생님의 정의에 의하면, 이때 '黄(노랗다)'은 부사어가 됩니다. 이것이 어떻게 말이 됩니까?

주인 '黄头发'는 선생님 말씀대로 서술어가 될 수 있고, 또 '他弟弟也黄头发(그의 남동생도 노랑머리다)/他早就黄头发了(그는 일찍감치 노랑머리가 되었다)'에서처럼 부사어의 수식을 받을 수도 있습니다. 그렇더라도 우리는 '黄头发' 자체는 여전히 명사성 성분이며, 동사나 형용사가 중심어인 전형적인 술어성 수식구조와는 차이가 있음은 인정해야 합니다.

손님 차이가 어디에 있습니까?

주인 '黄头发'는 수량사, 명사, 인칭대사 등 전형적인 관형어의 수식을 받을 수 있습니다. '一根黄头发(노랑머리 한 가닥)/头上的黄头发((머리의)노랑머리)/你的黄头发(너의 노랑머리)/最长的黄头发(가장 긴 노랑머리)'등이 그 예입니다. 전형적인 술어성 수식구조와 구별하기 위해 우리는 이를 준술어성 수식구조(准谓词性偏正结构)라고 부를 수 있습니다. 준술어성 수식구조란 서술에 위치에 명사성 성분이 중심어이고 전형적인 관형어의 수식을 받는 수식구조를 말합니다. 예는 다음과 같습니다.

   (7) 这个人<u>黄头发</u>。
      이 사람은 노랑머리다.

   (8) 你<u>大傻瓜</u>。
      너는 완전 바보다.

   (9) 这老头儿挺长的<u>白胡子</u>。
      이 노인은 (수염이) 길고 흰 수염입니다.

손님 선생님께서 말씀하신 이 예들이 우리가 지금 토론하는 문제와 무슨 관계가 있습니까?

주인 이러한 개념이 있어야 원래의 정의를 더욱 엄밀하게(정확하게) 수정할 수 있습니다.

손님 어떻게 수정을 합니까?

주인 우리는 명사성 수식구조와 준술어성 수식구조의 수식어는 모두 관형어이고, 전형적인 술어성 수식구조의 수식어는 모두 부사어라고 말할 수 있습니다. 이 정의에 따르면, (7)~(9)에서 '黄头发'의 '黄', '大傻瓜'의 '大', '挺长的白胡子'의 '挺长的'는 모두 부사어가 아닌 관형어입니다.

손님 준술어성 수식구조는 부사의 수식을 받을 수 있는데, 선생님께서 방금 예로 든 '他弟弟也黄头发/他早就黄头发了' 등이 바로 그 예입니다. 이러한 위치에 있는 부사도 관형어로 볼 수 있습니까?

주인 준술어성 수식구조는 앞에 부사가 오게 되면 더 이상 준술어성 수식구조가 아니라 전형적인 술어성 수식구조가 됩니다. 왜냐하면 더 이상 관형어의 수식을 받을 수 없기 때문입니다. 예를 들어 '*一根也黄头发/*我的早就黄头发'와 같은 표현은 말이 안 됩니다. 따라서 이러한 위치에서 부사는 부사어이지 관형어가 아닙니다.

손님 아주 재미있는 예가 생각이 났습니다. '清清楚楚的四个字(선명한 네 글자/정확하게 네 글자)'는 두 가지 의미가 있습니다. 글자가 선명함을 나타내기도 하고 숫자가 정확함을 나타내기도 합니다. 이때 '淸淸楚楚的'를 어떻게 분석해야 합니까?

주인 만약 글자가 선명함을 나타낸다면 '那淸淸楚楚的四个字(그 선명한 네 글자)'처럼 앞에 관형어가 올 수 있습니다. 이러한 의미에서 '淸淸楚楚的'는 관형어입니다. 만약 숫자가 정확함을 나타낸다면 앞에 관형어를 붙일 수 없습니다. 이 때 '淸淸楚楚的'는 부사어가 됩니다.

손님 보아하니 수정된 이 정의가 앞에서 논의한 몇 가지 가운데 가장 좋은 것 같습니다. 현재로선 무슨 문제제기를 할 수 없는데 이에 대해서는 좀 더 잘 생각해보아야 하겠습니다. 이제 주제를 바꾸어서 보어에 대해 이야기하기로 하겠습니다. 제가 여쭙고 싶은 것은 보어와 목적어, 부사어의 경계가 어디에 있는가입니다. 가령 동사 뒤에 시간과 동량을 나타내는 수량사에 대해 보어라 하기도 하고 목적어라 하기도 합니다. 또 동사 뒤에 '得'를 붙인 후 그 뒤의 형용사나 동사를 일반적으로 보어라고 합니다. 하지만 혹자는 이를 후치수식어로 보고 부사어에 귀속시키기도 합니다.

주인 이 문제를 논의하기 전에 우리가 줄곧 강조해왔던 그 원칙을 다시 한번 반복하고자 합니다. 문장성분은 통사구조의 구성요소일 뿐, 문장성분에 대한 연구는 통사구조를 떠나서는 불가능합니다. 때문에 보어와 목적어, 부사어의 경계에 대한 논의는 사실상 술보구조와 술목구조, 술어성 수식구조의 경계에 대한 논의가 됩니다. 이것은 정면에서 말한 것입니다. 반면에서 말해도 역시 두 가지 원칙이 있습니다. 하나는 의미에서 출발해서는 안 된다는 것이고, 또 하나는 글자를 보고 대강 의미를 유추해서는 안 된다는 것입니다.

손님 정면의 원칙은 주어, 목적어 및 수식어를 논의할 때 이미 공부를 하였습니다. 여기서는 두 가지 반면의 원칙에 대해 설명해 주시겠습니까?

주인 의미에 따라 통사구조를 구분해서는 안 된다는 점에 대해서는, 우리가 주어, 목적어를 논의할 때 이미 많이 이야기했습니다. 만약 '好得很(아주 좋다)'과 '很好(아주 좋다)', '走得慢慢儿的(천천히 걸었다)'와 '慢慢儿的走(천천히 걷다)'의 의미가 유사하다는 이유로 '得'자 뒤의 '很'과 '慢慢儿的'를 후치부사어로 보는 것은, '票买了(표를 샀다)'와 '买了票(표를 샀다)'의 '票'가 모두 수동자란 이유로 동사 앞의 '票'를 전치한 목적어로 보는 것과 마찬가지로 이치에 맞지 않습니다.

손님 선생님께서 말씀하신 글자를 보고 의미를 대강 유추해서는 안 된다는 것은 어떤 의미입니까?

주인 어느 문법 개념이 가리키는 것이 혹은 가리키지 않는 것이 무엇인지를 증명하는 데 있어, 이 문법 개념을 나타내는 명칭의 문자적 의미를 근거로 삼아서는 안 된다는 것을 의미합니다. 가령 보어의 '补'자를 근거로 보어를 '앞의 동사에 대해 보충'하는 문장성분이라고 설명해서는 안 된다는 것입니다. 일반적으로 말하는 보어는 내용이 상당히 광범위한데, 그 이유는 사실 보어로 볼 수 없는 많은 성분들도 '앞의 동사에 대해 보충'이라는 명의하에 보어의 범위 안에 들어왔기 때문입니다.

손님 그렇다면 선생님께서는 가장 전형적인 술보구조는 무엇이라고 생각하십니까?

주인 대략 세 가지가 있습니다. 첫째는 술어와 보어가 직접 결합하고 그 사이에 '得'가 없는 구조로, '切碎(잘게 자르다), 写完(다 쓰다), 修好(수리하다), 洗干净(깨끗하게 씻다), 拿出(꺼내다), 送回去(돌려보내다)' 등이 그 예입니다. 둘째는 술어와 보어 사이에 '得'자가 있어 가능성을 나타내는 것들로, '切得碎(잘게 자를 수 있다), 写得完(다 쓸 수 있다), 修得好(수리할 수 있다), 洗得干净(깨끗하게 씻을 수 있다), 拿得出(꺼낼 수 있다), 送得回去(돌려보낼 수 있다)' 등이 그 예입니다. 주의해야 할 점은 이런 보어의 부정형식에는 '切不碎(잘게 자를 수 없다), 写不完(다 쓸 수 없다)'처럼 '得'자가 없다는 것입니다. 셋째는 긍정형식과 부정형식 모두 '得'가 있으며 상태를 나타내는 구조입니다. '写得很好(잘 썼다), 写得不好(잘 못 썼다), 洗得干干净净(깨끗하게 씻었다), 热得直出汗(더워서 계속 땀이 난다), 忙得没工夫吃饭(바빠서 밥 먹을 시간이 없다)' 등이 그 예입니다.

손님 이 세 가지 구조는 성격이 좀 다른 것 같습니다.

주인 앞의 두 가지는 관계가 밀접합니다. 첫 번째 구조는 거의 대부분 두 번째 구조로 변환이 가능합니다. 또 일반적으로 움직임이 활발하지 않는 일부 동사들도 이 두 가지 구조에 모두 출현합니다. 예는 다음과 같습니다.

见 보다	看见 보다. 보이다	看得见 / 看不见 보이다 / 안 보이다
着 동사 뒤의 결과	找着 찾다	找得着 / 找不着 찾을 수 있다 / 찾을 수 없다
中 맞히다	猜中 알아맞히다	猜得中 / 猜不中 알아맞힐 수 있다 / 알아맞힐 수 없다
成 이루다	做成 달성하다	做得成 / 做不成 달성할 수 있다 / 달성할 수 없다
住 동사 뒤의 결과	抓住 잡다	抓得住 / 抓不住 잡을 수 있다 / 잡을 수 없다
下 동사 뒤의 방향	扔下 던지다	扔得下 / 扔不下 던질 수 있다 / 던질 수 없다
开 동사 뒤의 방향	分开 나누다	分得开 / 分不开 나눌 수 있다 / 나눌 수 없다

이 또한 이 두 구조의 관계가 밀접함을 증명합니다. 첫 번째 구조에서 형용사로 구성된 일부 보어는 세 번째 구조와 분명한 변환관계가 있습니다. 비교해 보십시오.

吃饱 배불리 먹다	吃得(很)饱 배불리 먹었다
拉长 길게 늘이다	拉得(很)长 길게 늘였다
炒咸(了) 짜게 볶(았)다	炒得(太)咸 (너무)짜게 볶았다
走远(了) 멀리 가다/갔다	走得远远的 멀리 갔다
来早(了) 일찍 오다/왔다	来得早早的 아주 일찍 왔다
买贵(了) 비싸게 사다/샀다	买得太贵了 너무 비싸게 샀다
洗干净 깨끗이 씻다	洗得非常干净 아주 깨끗하게 씻었다

손님 이 두 가지 문법구조 사이에 변환관계가 있다는 것이 구조가
    같음을 증명하지는 않습니다. '写信~写的信/炒菜~炒的菜/
    住旅馆~住的旅馆'에서 보듯이 대부분의 술목구조는 중간에
    '的'자를 넣으면 수식구조가 됩니다. 하지만 이것이 '写信'과
    '写的信'의 구조가 같음을 증명하지는 않습니다.

손님 맞습니다. 하지만 세 가지 술보구조 간의 변환이 결코 구조의
    근본적인 변화를 가져오지는 않습니다. 이러한 변환은 '写信~
    写的信'이 아닌 '写信~写了信', '炒菜~炒过菜'와 같은 유형에
    속합니다.

손님 선생님께서는 첫 번째, 두 번째 구조와 세 번째 구조사이의 변
    환관계만 강조하시고, 두 번째 구조와 세 번째 구조와의 변환
    관계는 언급하지 않으셨습니다. 하지만 사실 두 번째와 세 번
    째 구조는 모두 '得'자가 포함되어 있으므로 관계가 가장 분명
    합니다.

주인 하지만 선생님은 이 두 '得'의 성격이 완전히 다르다는 것을 알
    아야 합니다. 두 번째 구조의 '得'는 술어와 보어 중간에 들어
    간 것으로 앞뒤 어느 것에도 속하지 않는 반면, 세 번째 구조
    의 '得'는 술어에 붙어있는 것입니다.

손님 선생님께서 보어로 볼 수 없는 문장성분들도 보어에 들어왔다
    고 하셨는데, 이는 어떤 상황을 가리킵니까?

주인 주로 두 가지 경우를 말합니다. 하나는 동사 뒤에서 시량이나 동량을 나타내는 수량사이고, 또 하나는 동사 뒤의 개사구조입니다.

손님 시량과 동량을 나타내는 성분은 왜 보어로 볼 수 없습니까?

주인 왜냐하면 동사 뒤에 시량이나 동량을 나타내는 단어가 붙은 구조(洗一次(한 번 씻다), 住一天(하루 묵다))와 술보구조 사이에는 공통점이 없기 때문입니다. 동사 뒤의 시량이나 동량을 나타내는 단어를 보어로 보는 이유는 주로 이를 목적어로 인정하고 싶어 하지 않기 때문입니다. 사실 '洗一次, 住一天' 등과 동사 뒤에 명량을 나타내는 목적어가 붙은 구조 '买一本(한 권 사다), 吃一块(한 조각 먹다)' 등은 모두 동사와 수량사로 구성됩니다. 또한 구조적으로 대응되는 현상(다음 표를 보십시오)이 많이 있습니다. 따라서 '洗一次, 住一天'은 술목구조로 보아야 함을 알 수 있습니다. 하나의 구조를 술보구조로 보는 유일한 이유가 뒤에 동량과 시량을 나타내는 단어가 의미상 앞의 동사를 보충하기 때문입니다. 만약 이 이유가 성립한다면 우리는 목적어도 보어의 한 종류에 귀속시킬 수 있습니다. 목적어도 또한 앞의 동사에 대한 보충이라고 할 수 있기 때문입니다.

중국어 문법에 관한 대담

동사 + 명량		동사 + 동량			동사 + 시량
买一本	吃一块	洗一次	敲一下	念一遍	住一天
买了一本	吃了一块	洗了一次	敲了一下	念了一遍	住了一天
买个一两本	吃个一两块	洗个一两次	敲个一两下	念个一两遍	住个一两天
买他一两本	吃他一两块	洗他一两次	敲他一两下	念他一两遍	住他一两天
买一本书	吃一块糖	洗一次头	敲一下门	念一遍书	住一天旅馆
一块也没吃	一本也没买	一次也没洗	一下也没敲	一遍也没念	一天也没住

손님 선생님께서는 위의 표에서 '洗一次头(머리를 한 번 감다) /敲一下门(문을 한 차례 두드리다) / 念一遍书(책을 한 번 읽다) / 住一天旅馆(하루 여관에서 묵다)'을 '买一本书(책을 한 권 사다) / 吃一块糖(사탕을 한 조각 먹다)'과 평행하는 구조로 보셨습니다. 이러한 비교는 좀 타당하지 않은 것 같습니다. '书'는 '本'으로 세고 '糖'도 '块'로 셀 수 있지만, '头'는 '次'로 셀 수 없고 '门'도 '下'로 셀 수 없습니다. '买一本书'에서 '一本'은 '书'의 관형어이지만 '洗一次头'에서 '一次'를 '头'의 관형어로 볼 수는 없지 않습니까? 다른 예들의 경우도 마찬가지입니다. 요컨대 선생님께서 '洗一次头'와 '买一本书'의 두 가지 구조를 동일한 구조로 논의하신 것은 순전히 표면적인 형식에서 출발한 것으로 설득력이 약해 보입니다.

주인 선생님께서는 어떻게 '一次'가 '头'의 관형어가 아니고 '一下'가 '门'의 관형어가 아니라고 판단할 수 있습니까?

손님 의미상 통하지 않기 때문입니다. 또한 우리는 '一本书/一块糖'

이라고는 하지만 '一次头/一下门/一天旅馆'이라고 말하지는 않습니다.

주인 꼭 그렇지도 않습니다. 예를 들어보겠습니다.

(10) 一次头也没洗
한 번도 머리를 감지 않았다.

(11) 一下门也没敲
한 번도 문을 노크하지 않았다.

(12) 一天旅馆也没住
하루도 여관에서 묵지 않았다.

당신이 만약 '一次'가 '头'를 수식할 수 있고 '一下'가 '门'을 수식할 수 있다는 것을 인정하지 않는다면, 이 예문들은 어떻게 분석해야 합니까?

손님 네, 그것이 문제입니다. 하지만 선생님께서 드신 이러한 예들은 모두 특수한 문형으로 정상적인 분석방법이 적용되지 않는 것이 아닐까요? 예를 들어 이러한 문장에서 수사는 모두 '一'에 국한됩니다.

주인 이러한 문형은 전혀 특수하지 않습니다. 명량사도 역시 이러한 문장에 출현할 수 있습니다.

(13) 一本书也没买

　　책 한 권도 사지 않았다

(14) 一块糖也没吃

　　사탕 한 조각도 먹지 않았다

이 두 문장에서 '一本', '一块'은 분명히 관형어입니다. 이로써
(10)~(12)의 '一次' 등도 관형어라는 것을 더욱 더 증명할 수가
있습니다. 또 선생님께서는 이러한 문장에서 수사가 '一'에 국
한된다고 하셨는데, 이 또한 그렇지 않습니다. 예를 들어보겠
습니다.

(15) 两次头一洗, 就感冒了。

　　머리를 두 번 감고 나니 바로 감기에 걸렸다

(16) 三天旅馆住下来, 胃口就没有了。

　　사흘을 여관에서 잤더니 입맛이 없어졌다

이러한 현상은, 구조적으로 관계있는 두 가지 성분이 의미적
으로도 반드시 관계가 있는 것은 아니며, 또 역으로 의미적으
로 관계있는 성분이 구조적으로도 반드시 직접적인 관계가
있는 것은 아님을 보여줍니다. 부사 '都'와 '也'는 구조적으로
보면 모두 뒤의 술어성 성분을 수식하지만 의미적으로는 오
히려 앞에 있는 주어의 범위를 설명합니다. 또 다음 예를 보
십시오.

(17) 圆圆的排成一个圈儿

    둥글게 줄을 지어 원을 만들었다

(18) 釅釅的沏一杯茶

    진하게 차를 한 잔 탔다

구조적으로 말하면, '圆圆的'와 '釅釅的'는 부사어로 뒤의 동사를 수식합니다. 하지만 의미적으로는 오히려 동사의 목적어(圈儿, 茶)와 연결됩니다.

손님 선생님의 말씀이 일리가 있음을 인정하지 않을 수 없군요. 이 문제에 대한 논의는 여기에서 정리하기로 하겠습니다. 이어서 개사구조가 보어가 되는 경우에 대해 설명해 주십시오.

주인 일반적으로 말하는 개사구조가 보어가 되는 경우는 다음과 같은 구조를 가리킵니다.

(19) 坐在椅子上

    의자에 앉았다

(20) 爬到山顶上

    산봉우리까지 올랐다

(21) 送给他1)

    그에게 주었다

----

1) 저자주 : 이 구조에서 '给'도 동사로 볼 수 있다. 주더시(朱德熙)의 『문법강의(语法讲义)』179쪽 참조. 여기서는 일반적인 견해에 따라 이를 개사로 보기로 한다.

중국어 문법에 관한 대담

우선 구조관계에 대해서는 논의하지 않기로 하고 층차구조만 본다면 이 문장들은 두 가지 가능한 분석방법이 있습니다.

(19a)　坐／在椅子上

(19b)　坐在／椅子上

(20a)　爬／到山頂上

(20b)　爬到／山頂上

(21a)　送／给他

(21b)　送给／他

이러한 구조에 대해, 개사구조가 보어가 되는 구조라고 설명하려면 반드시 위의 첫 번째 분석 방법(a방식)을 채택해야 합니다. 하지만 우리는 첫 번째 분석 방법이 우리가 취할 수 있는 유일한 방법이라는 것을 증명할 길이 없습니다. 실제 상황은 이와는 정반대로, (19)(20)의 두 예를 보면 오히려 두 번째 분석 방법(b방식)이 더욱 합리적으로 보입니다. '坐在椅子上'은 구어에서는 실제로 '坐 · de椅子上'입니다. '坐 · de椅子上'은 '坐／ · de椅子上'이 아닌 '坐 · de／椅子上'으로 분석할 수밖에 없습니다. 만약 ' · de'가 '在'의 약화된 형식임을 인정한다면, '坐在椅子上'도 역시 '坐在／椅子上'으로 분석해야 맞습니다. (20)의 경우는 더욱 분명합니다. '爬到'는 단독으로 사용될 뿐만 아니라(爬到了/没爬到) 중간에 '得'나 '不'를 삽입하여 가능성을 나타내는 술보구조(爬得到/爬不到)로 전환할 수도 있습니다. 따라서 가장 합리적인 방법은 '到'를 '爬'의 보어로 보고,

4. 관형어, 부사어, 보어 및 연동식, 겸어식

'山顶上'을 술보구조 '爬到'의 목적어로 보는 것입니다. (21)의 '送给他'는 a, b 어느 방식으로 분석해도 말이 되는 것 같습니다. 한 걸음 물러나서, 우리가 비록 (19)~(20)은 모두 a방식으로만 분석해야 함을 증명할 수 있는 충분한 이유를 찾았다고 하더라도, 이로써 그 안의 개사구조가 보어임을 증명할 수는 없습니다. 왜냐하면 이 구조와 전형적인 술보구조 사이에는 어떠한 공통점도 없기 때문입니다.

손님 아직 시간이 조금 남았으니, 연동식과 겸어식의 문제에 대해 토론을 했으면 합니다. 혹자는 연동식과 겸어식이라는 말이 적합하지 않으므로 이를 취소해야 한다고 말하기도 합니다.

주인 명칭은 취소할 수 있지만 이 두 명칭이 가리키는 문법구조는 취소할 수 없습니다. 이 명칭들을 취소하더라도 이 두 종류의 구조에 적합한 또 다른 명칭을 새로 찾아야 할 것입니다. 겸어식의 경우는 비교적 복잡하니 좀 있다가 논의하기로 하고, 지금은 먼저 연동식에 대해 말하겠습니다. 연동식의 앞뒤 두 부분의 관계는 주술관계도 아니고, 술목, 술보, 수식 등의 관계도 아닙니다. 따라서 이를 기존의 어느 통사 구조의 유형 안에 넣기는 어렵습니다.

손님 그런데 연동식의 앞부분을 부사어로 보는 사람들이 많습니다.

주인 이는 연동식을 수식구조로 보기 때문인데, 이는 완전히 의미적으로만 본 것입니다. 만약 구조를 고려한다면 이 설명은 성립되지 않음을 알게 될 것입니다. 왜냐하면 연동식과 수식구조는 대립되기 때문입니다.

(22) 有条件承担任务
임무를 맡을 조건을 갖추었다

(23) 有条件地承担任务
조건적으로 임무를 맡다

(22)는 일반적으로 말하는 연동식이며 임무를 수행할 조건을 갖추었음을 의미합니다. 그런데 (23)은 '有条件' 뒤에 부사 접미사인 '的'(문어에서는 보통 '地'로 씁니다)가 있는 수식구조이며, 어떤 조건하에서만 임무를 수행함을 의미합니다. (22)과 (23)을 모두 수식구조로 설명해서는 안 됩니다.

손님 선생님의 생각은 연동식을 취소할 수 없다는 것으로 보입니다.

주인 저는 연동식이 일종의 독립적인 통사구조이며 기존의 어느 한 통사구조 안으로 귀속시킬 수는 없다는 것을 말합니다. 이를 연동식이라고 불러야 하는지 여부는 중요한 문제가 아닙니다.

손님 그렇다면 겸어식은 어떻습니까?

주인 겸어식의 형식은 다음과 같습니다.

$$V_1 + N + V_2$$

일반적으로 N은 V₁의 목적어이자 동시에 V₂의 주어라고 봅니다. 하지만 연동식도 이러한 형식이 가능합니다. 단지 N과 V₂ 사이에 주술관계가 존재하지 않을 뿐입니다. 따라서 연동식과 겸어식의 차이는 N과 V₂의 관계에 의해 결정됩니다. 자세히 분석해보면, N과 V₂의 관계는 상당히 복잡한데, 과거에는 이에 대한 고려가 충분하지 못했습니다. 예를 보겠습니다.

(24) N이 동작주: 请客人吃饭 손님에게 식사를 대접하다
　　　　　　　　选他当主席 그를 주석으로 선출하다

(25) N이 수동자: 买一份报看 신문 하나를 사서 보다
　　　　　　　　找点事儿做 일을 찾아 하다

(26) N이 수혜자: 帮他洗碗 그가 설거지 하는 것을 돕다
　　　　　　　　找人聊天儿 사람을 찾아 수다를 떨다

(27) N이 도구:　 借辆车运货 차를 빌려서 짐을 옮기다
　　　　　　　　炒个菜下酒 요리를 해서 술안주로 하다

(28) N이 장소:　 上广州开会 광저우에 회의를 하러 가다
　　　　　　　　进屋里暖和暖和 방에 들어와 몸을 녹이다

(29) N이 시간:　 花两小时买菜 두 시간을 들여 장을 보다
　　　　　　　　等一会儿告诉你 좀 있다가 너에게 알려줄게

(30) N과 V₂의 관계가 불분명:
　　　　　　　　开着窗户睡觉 창을 열고 자다
　　　　　　　　穿上大衣出去 외투를 입고 외출하다

일반적인 견해로는 (24)만 겸어식이고 나머지는 모두 연동식입니다. 그러나 사실은 (30)을 제외한 나머지 예들은 N과 V_2 사이에 모두 관계가 있습니다. 그런데 왜 N이 V_2의 동작주인 (24)의 경우만을 겸어식으로 인정하고, N이 V_2의 수동자, 수혜자, 도구 등인 나머지 예들은 겸어식으로 인정하지 않습니까? 만약 (24)에서 N이 V_2의 주어라면 (25)에서 N을 V_2의 목적어라고 할 수 있습니까?

손님 위의 분석에 따르면, N과 V_2의 관계는 모두 의미관계인데 N을 V_2의 주어, 목적어라고 말하는 것은 모두 옳지 않은 것 같습니다.

주인 맞습니다. 구조적으로 보면, 위의 예들에서 N은 모두 V_1의 목적어입니다. N과 V_2 사이에는 의미상의 관계만 있을 뿐 구조상의 관계는 없습니다. 왜냐하면 $V_1 + N + V_2$의 층차구조는 (V_1 + N) + V_2이며, 이때 N과 V_2는 근본적으로 서로 대응하는 직접성분이 아닙니다.

손님 그렇다면 선생님께서는 겸어식을 취소해야 한다고 생각하십니까?

주인 겸어식을 연동식과 대립되는 구조로 보는 것은 옳지 않습니다. 연동식은 그 안의 N과 V_2의 관계에 따라 다시 몇 개의 부류로 나뉠 수 있지만, 겸어식은 N이 V_2의 동작주가 되는 한 종류밖에 없습니다.

손님 (30)에서 N과 V_2는 의미상 관계가 없는데 어떻게 합니까?

주인 관계가 없는 것 역시도 일종의 관계이므로, 이 또한 연동식의
    일종으로 보아야 합니다.

중국어 문법에 관한 대담

05
중심어분석과 층차분석

손님 최근에 층차분석과 중심어분석의 장단점과 득실에 대한 논쟁
이 많습니다. 이 문제에 대한 선생님의 의견을 듣고 싶습니다.

주인 층차분석을 일종의 방법으로 보고, 또 그 장점과 단점을 토론
하는 것은 별로 타당하지 않아 보입니다.

손님 층차분석을 방법의 일종으로 보는 것에 반대하시는 이유를 잘
모르겠습니다. 분명히 문장을 분석하는 방법이지 않습니까?

주인 모든 인류 언어의 문법구조는 다 층차가 있습니다. 즉 층차성
은 언어의 본질적인 속성 중의 하나인 것입니다. 그렇기 때문
에 문법에 대해 분석할 때 층차분석은 피할 수가 없습니다. 층
차분석은 문법 분석에서 필수불가결한 과정으로, 사용여부를

선택할 수 있는 그런 방법이 아닙니다. 대응하는 예를 들어 이 문제를 설명하겠습니다. 문법분석은 반드시 품사분류의 기초 위에서 이루어집니다. 품사분류도 역시 문법분석에서 반드시 거치는 과정이므로, 우리는 결코 '품사분석법'이라는 등의 말을 하지 않습니다. 왜냐하면 품사분석법이라고 말한다는 것은 비품사분석법이란 것이 따로 존재함을 암시하기 때문입니다. 하지만 사실은 품사를 전혀 언급하지 않는 문법분석 방법이란 없습니다. 이와 마찬가지로 구조의 층차를 완전히 무시한 문법분석 방법도 없습니다. 왜냐하면 이러한 분석은 황당한 결과를 도출하여 사람들에게 받아들여지지 않을 것이 뻔하기 때문입니다.

손님 층차를 전혀 언급하지 않는 문법분석은 없다고 말씀하셨는데, 전통문법에서 채택했던 중심어분석법이 곧 층차를 언급하지 않은 것 아닙니까?

주인 중심어분섭법도 층차와 전혀 무관하지는 않습니다. 중심어분석법은 곧바로 문장을 주어(S)와 서술어(V), 목적어(O)의 세가지 기본 성분으로 구분합니다. 이 때문에 마치 층차와는 관련이 없어 보이지만, 목적어를 서술어의 연대성분으로 보기에 층차를 무시한 채 문장을 (SV)O로 보는 것이 아니라 사실상 SVO를 여전히 S(VO)로 분석하는 것입니다. S와 O 앞에 수식어 (A)가 있을 경우인 ASVAO도 역시 (AS)[(VA)O] 혹은 (ASV)(AO) 등으로 분석하지 않고 (AS)[V(AO)]로 분석하는데,

층차는 혼란해지지 않습니다. 하지만 중심어분석법에 내포된 층차에 대한 관념은 무의식적입니다. 이러한 층차관은 모호하고 완벽하지 못하기 때문에 심지어 때로는 층차 관계를 완전히 잘못 이해하는 경우도 있습니다.

손님 예를 들어 설명해주십시오.

주인 가장 뚜렷한 것은 수식구조를 분석하는 경우입니다. 중심어분석법을 채택하는 문법서들은 대부분 복잡한 수식구조로 된 관형어를 (a)병렬부가식(联合附加), (b)연쇄부가식(递相附加), (c)개별부가식(分別附加)의 세 가지로 나눕니다. 이 세 종류의 관형어는 각각 다음 세 예문으로 대표됩니다.

(1) 北京和上海的高等学校
    베이징과 상하이의 대학교

(2) 我哥哥的老师的书
    우리 오빠의 선생님의 책

(3) 一件新的白色短袖衬衫
    흰 색 반소매 새 셔츠 한 벌

병렬부가식이란 (1)의 '北京和上海(베이징과 상하이)'처럼 병렬성분으로 이루어진 관형어를 말합니다. 연쇄부가식이란 여러 개의 관형어 중에 마지막 것만 중심어를 직접 수식하고 나머지는 모두 바로 그 뒤에 오는 관형어를 수식하는 경우를 말합니다. 예를 들어 (2)에서 '老师(선생님)'는 중심어인 '书(책)'를 수식하지만, '哥哥(오빠/형)'는 '老师'를, '我(나)'는 '哥哥'를 수식합니다. 개별부가식이란 여러 개의 관형어 사이에 서로 직접적인 관계가 없이 각각 단독으로 중심어를 수식하는 경우를 말합니다. (3)에서 '一件(한 벌)'과 '新的(새 (것))', '白色(흰색)', '短袖(반팔)' 네 개의 관형어는 각각 중심어인 '衬衫(셔츠)'을 수식합니다. 그런데 연쇄부가식과 개별부가식이라는 용어는 분명히 층차분석을 잘못 이해했음을 보여줍니다. 사실 (b)와 (c) 두 수식구조의 차이는, (b)는 마지막 층차 외에 각 층차의 관형어가 모두 그 자체로 수식구조인 반면, (c)는 마지막 층차 외에 각 층차의 중심어가 모두 수식구조라는 데 있습니다. 이러한 차이는 다음 그림에서 알 수 있습니다.(수: 수식어, 중: 중심어)

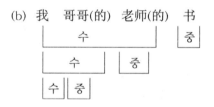

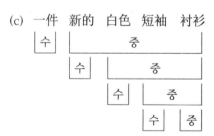

그림에서 보면, 두 수식구조의 차이는 층차구조의 '방향'에 있다고 말할 수 있습니다. 즉 (b)는 '좌측 방향'이지만 (c)는 '우측 방향'입니다.

손님 그렇네요. 아주 합리적인 분석입니다. 그런데 이와는 상대적으로 연쇄부가식과 개별부가식이라는 표현은 자연스럽지가 않습니다.

주인 어색한 이유는 층차 관계를 잘못 이해했기 때문입니다. 즉, 구는 문장성분이 될 수 없다는 중심어분석법의 기본원칙을 견지하려고 하기 때문입니다. 이 원칙을 지키기 위해서, 연쇄부가식은 수식구가 관형어인 것이고 개별부가식은 수식구가 중심어인 것임을 인정하려 하지 않는 것입니다.

손님 중심어분석법의 원칙은 처음부터 문장에서 중심어를 찾고 구를 단어로 나누는 것입니다. 층차분석은 전체에서 부분까지 단계별로 분석함으로써 각 층의 직접구성성분을 찾아내는 것입니다. 따라서 이 두 방법의 정신은 완전히 다릅니다. (죄송합니다. 이를 또 방법이라 말했습니다.) 혹자는 이 둘을 결합하여 각각의 단점은 피하면서 장점을 취하자고 주장하지만, 제가 보기에 이는 불가능합니다.

주인 중심어분석과 층차분석이 상반되는 부분은 중심어를 도출하는 것 자체에 있는 것이 아니라 중심어분석법은 구도 문장성분이 될 수 있음을 인정하지 않는다는 데 있습니다. 사실 층차분석도 중심어 도출을 배척하지는 않습니다. 하지만 중심어분석법은 층차분석에 포함되어 있는 구가 문장성분이 될 수 있다는 원리를 수용하지 못합니다.

손님 말씀하실수록 더 이해가 가지 않습니다. 중심어 도출에 있어서 왜 중심어분석과 층차분석이 대립이 아니라고 하시는지 잘 모르겠습니다.

주인 이를 설명하기 위해서는 먼저 중심어분석법이 중심어를 도출한다는 것의 실질이 무엇인지 생각해보아야 합니다. 레오나르드 블룸필드(1887~1949, L.Bloom field)[1]는 통사구조를 두 종류로 나누었습니다. 하나는 최소 하나의 직접성분과 전체 문법기능이 같은 구조인데, 이를 '내심구조(endocentric construction)[2]'라고 합니다. 내심구조에서 통사구조 전체의 기능과 같은 직접성분은 이 구조의 핵심(head)입니다. 또 하나는 직접성분과 통사구조 전체의 문법기능이 다른 구조인데, 이를 '외심구조(exocentric construction)'[3]라고 합니다. 예를 들어, 수식구조(관형어에 중심어가 결합한 명사성 수식구조와 부사어에 중심

---

1) 역자주: 미국의 언어학자. 저서 『언어』(1933)는 사적(史的)언어학 면에서 비교언어학 등의 성과에 대한 좋은 개설서가 되고 있습니다. 출처: 두산백과 http://www.doopedia.co.kr
2) 역자주: L. Bloomfield, *Language*, 194-196쪽에서 처음 소개한 것으로 미국 구조주의의 기본개념.
3) 저자주: L. Bloomfield, *Language*, 194-195쪽.

중국어 문법에 관한 대담

어가 결합한 술어성 수식구조 모두 포함)의 문법기능은 그 뒤의 직접성분(중심어)과 같으며, 술목구조와 술보구조의 문법기능은 모두 앞의 직접성분(중심어)인 술어와 같으므로 이들은 모두 내심구조가 됩니다. 하지만 주술구조의 문법기능은 이 구조의 두 직접성분인 주어, 서술어와 모두 다르므로 외심구조가 됩니다. 허사로 이루어진 모든 통사구조, 예를 들어 개사구조, '的'자구조 등도 모두 외심구조입니다. 병렬구조의 문법기능은 그 각각의 구성성분의 문법기능과 같은 일종의 다핵심 외심구조입니다. 블룸필드는 이를 병렬식 외심구조(co-ordinative endocentric construction)라 하였습니다.

손님 이 이론과 중심어 도출과는 무슨 관계가 있습니까?

주인 중심어분석법이 도출하고자 하는 중심어는 바로 블룸필드가 말한 내심구조의 핵심입니다. 중심어분석법은 수식, 술목, 술보의 세 구조에 대해서는 모두 중심어 도출이라는 방법을 채택하고, 단지 주술구조와 병렬구조에 대해서만은 별도로 처리하여 중심어를 도출하지 않습니다. 이는 수식, 술목, 술보가 모두 내심구조여서 도출할 수 있는 중심어를 가지고 있기 때문입니다. 이에 반해, 주술구조는 외심구조여서 핵심이 없고, 병렬구조는 다핵심구조여서 역시 중심어를 찾을 수가 없습니다. 내심구조와 외심구조에 관한 블룸필드의 주장은 사실 중심어분석에 이론적인 근거를 제공했습니다. 하지만, 중심어 분석법을 채택한 문법서들은 이 점을 깨닫지 못했습니다. 앞에서 우리는 중심어분석법에 내포된 층차관념은 무의식적이고 모호하다고 말했습니다. 지금 우리는 또 중심어분석법이 심지어 중심어에 대한 이해조차도 모호하고 깊이가 없음을 보았습니다.

손님 층차분석은 직접성분만 찾고 중심어는 찾지 않습니다. 선생님께서는 어떻게 층차분석과 중심어분석이 중심어 도출이라는 점에서 대립하지 않는다고 말씀하실 수 있습니까?

주인 층차분석 그 자체는 중심어 도출을 요구하지 않지만 그렇다고 배척하지도 않습니다. 배척하지 않는다는 말은 층차분석과 중심어 도출이라는 두 가지 일 사이에 모순이 없음을 뜻합니다. 이뿐만이 아닙니다. 실제로는 모순이 없을 뿐만 아니라 이론적으로 말하면 중심어 도출도 층차분석의 기초 위에서만 가능합니다. 구체적인 예를 들어 설명하겠습니다. '咬死了猎人的狗'는 두 가지 의미가 있는데, 두 의미는 각각 다음의 서로 다른 층차구조를 나타냅니다.

  (4) 咬死了 / 猎人的狗
     사냥꾼의 개를 물어 죽였다

  (5) 咬死了猎人的 / 狗
     사냥꾼을 물어 죽인 개

  (4)와 (5)는 층차구조가 다르고 중심어도 다릅니다. (4)는 술목

구조로 중심어는 동사 '咬(물다)'이지만 (5)는 수식구조로 중심어는 명사 '狗(개)'입니다. 이 예들은 층차구조를 확정하기 전에는 중심어 도출이 불가능함을 보여줍니다. 한 가지 특별히 언급할 점은, 층차분석에서 직접구성성분의 개념(immodiatc conedtucnts)과 내심구조, 외심구조의 이론을한 사람(블룸필드)이 같은 책(Language)에서 제기했다는 것입니다. 이 자체가 층차분석과 중심어 도출이 결코 서로 모순이 아니라는 점을 충분히 설명하고 있습니다.

손님 중심어분석법의 단점은 이미 충분히 이야기했습니다. 제 기억으로 선생님께서는 층차분석의 장단점을 논의하는 것은 옳지 않다고 처음부터 말씀하셨는데, 그 이유는 무엇입니까?

주인 층차분석은 하나의 방법이 아니라 문법분석에서 필수불가결한 과정이라고 이미 말했습니다. 이 때문에 장점과 단점을 논할 수가 없습니다. 우리는 품사분류에 대해 어떤 장단점을 말한 적이 없습니다. 왜냐하면 품사를 분류하는 것 역시 문법분석에서 사용해도 되고 사용하지 않아도 되는 일종의 방법이 아니라 없어서는 안 되는 과정이기 때문입니다.

손님 그런데 품사문제를 논할 때 선생님께서도 일부 처리방식은 적합하지 않다고 비판하시지 않으셨습니까?

주인 품사분류 자체는 장단점을 논할 수 없습니다. 하지만 구체적으로 품사를 분류할 때는 어떻게 처리하는 것이 적합한지 부적합한지 당연히 차이가 있습니다. 마찬가지로, 문법분석의 한 과정으로서 층차분석 자체에 대해서는 장단점을 논할 수 없습니다. 하지만 사람에 따라 층차분석에 대한 이론적인 해석과 문법서에 따라 층차분석 시 행하는 구체적인 분석방식에는 물론 옳고 그름과 좋고 나쁨의 차이가 있습니다.

손님 층차분석은 문법구조의 층차만을 설명할 수 있을 뿐 직접성분 사이의 관계는 설명이 불가능합니다. 이는 단점이라고 말할 수밖에 없습니다.

주인 층차분석은 문법분석의 일부일 뿐 전부가 아닙니다. 우리는 층차분석을 모든 것을 만족시키는 완벽한 문법분석 수단으로 보아서는 안 됩니다. 층차분석을 진행할 때 구조관계에 대한 분석을 동시에 진행하는 것도 충분히 가능합니다. 혹자는 층차분석에 대해 모든 문법현상을 설명할 수 있는 것으로 생각하는데, 이것은 오해입니다. 이러한 오해가 생겨난 이유는 아마도 과거에 미국 묘사언어학파의 학자들이 대부분 구조관계는 말하지 않고 층차만 이야기했기 때문이 아닐까 생각합니다. 여기에는 두 방면의 원인이 있습니다. 첫째, 묘사언어학파는 의미문제를 정면으로 다루려고 하지 않았습니다. 구조관계를 말하지 않은 것은 바로 의미에 대해 논하는 것을 피하기 위해서입니다. 둘째, 인도유럽어의 경우, 품사와 층차를 파악하면 어느 정도 통사법에 대해 논할 수 있었습니다. 왜냐하면 인도유럽어에서 품사와 층차는 일정부분 구조관계를 통제할

수 있기 때문입니다. 우리는 변환문법의 두 가지 재기록규칙
(rewriting rule)을 사용하여 이를 설명할 수 있습니다.

(6) S → NP + VP
(7) VP → V + NP

이 두 가지 규칙은 표면적으로는 품사와 층차만 나타낼 뿐 구
조관계에 대해서는 전혀 언급이 없습니다. 하지만 (6)의 NP +
VP는 사실상 '주어 + 서술어(谓语)'이고, (7)의 V + NP는 사실
상 '술어(述语) + 목적어'입니다. 이는 영어에서 NP + VP는 주
종관계만 가능하고, V + NP는 술목관계만 가능하기 때문입니
다. 하지만 이런 방법은 중국어에서는 통하지 않습니다. 중국
어는 품사와 층차만으로는 구조관계를 통제할 수 없기 때문입
니다. 중국어에서는 NP + VP가 반드시 주종 관계라고 할 수는
없습니다. '经济困难(경제가 어렵다/경제적 어려움)'은 주술관
계도 되고 수식관계도 됩니다. 마찬가지로 V + NP 역시 꼭 술
목관계인 것은 아닙니다. '出租汽车(자동차를 렌트하다/택시)'
는 술목관계도 되고 수식관계도됩니다. 따라서 중국어 문법을
이야기할 때는 구조 관계를 말하지 않을 수가 없습니다. 결론
적으로 층차분석이 구조관계에 대한 분석을 포함하거나 대체
할 수 없다는 것이 층차분석의 단점은 아닙니다. 이는 품사분
석이 구조관계에 대한 분석을 포함하거나 대체할 수 없다는
것이 품사분석의 단점이 아닌 것과 마찬가지입니다.

손님 어떤 문법구조는 층차분석으로 해결이 안 됩니다. 동사 앞에 부사어가 있고 뒤에 목적어가 있을 때 통일된 분할방법을 찾을 수가 없습니다. 하지만 중심어분석법의 경우 이는 문제가 되지 않습니다. 만약 이것을 중심어분석법의 장점이라고 하지 않는다면 층차분석법의 단점이라는 것은 인정해야 할 것입니다.

주인 만약 꼭 장단점을 말해야 한다면, 제 의견은 선생님과 정반대입니다. 동사가 부사어, 목적어와 동시에 결합하는 구조를 A(VO)로 분석할 것인가 아니면 (AV)O로 분석할 것인가의 문제(A는 부사어)는 사실상 AVO에서 AV의 관계가 더 긴밀한가 아니면 VO의 관계가 더 긴밀한가를 판단하는 문제입니다. 이는 사실의 문제입니다. 층차분석에 대해 어떠한 태도를 가지든 상관없이 모든 문법학자들은 이 문제에 관심을 가져야합니다. 엄격한 층차분석은 이와 같은 모든 문제에 대해서 명확한 대답을 요구합니다. 하지만 중심어분석법은 이와 정반대로, 이러한 문제에는 전혀 관심이 없습니다(논의를 피한다고 할 수 있습니다). 따라서 제가 예로 든 일련의 문장들을 통해 층차분석은 엄밀하지만 중심어분석법은 엄밀하지 못하다는 것을 충분히 알 수 있습니다. AVO구조가 나누기 어렵다고 하는 것은 사실 맞습니다. 하지만 이는 분석대상에 대한 우리의 이해부족이 원인이지, 층차분석 자체의 단점이라고 할 수는 없습니다. 품사분류를 가지고 비유를 해보겠습니다. 중국어 단어의 품사를 분류할 때 우리는 여러 가지 어려움에 직면합니다.

하지만 우리는 이것을 품사분류의 단점이라고 한 적은 없습니다. 선생님께서 조금 전에 AVO구조에 대해 통일된 분할방법을 찾을 수가 없다고 하셨는데, 제가 보기에 AVO구조는 A(VO)와(AV)O의 두 가지 분할방식이 있으며, 또 일부는 이 두 가지가 모두 가능한 경우도 있을 수 있습니다. 결론적으로 말하면, 통일된 하나의 분할방법이란 근본적으로 존재하지 않는 듯합니다.

손님 또 하나의 견해가 있는데, 층차분석법이 장점은 많지만 과정이 복잡하여 다소 긴 문장은 층차가 8단계, 10단계 이상으로 아주 많아져서 보기에 혼란스럽다는 것입니다. 이와는 상대적으로, 중심어분석법은 곧바로 중심어를 도출함으로써 문장의 구조를 명확하게 나타냅니다. 때문에 이 두 가지 방법을 결합하는 것이 가장 좋을 듯한데, 선생님의 생각은 어떻습니까?

주인 첫째, 층차분석이 복잡해 보이는 이유는 전달하는 정보량이 많기 때문입니다. 즉 층차분석은 우리에게 말해주는 것이 많습니다. 우리가 한 문장에 대해 층차분석을 할 때, 사실은 이 문장 속에 두 개 이상의 단어로 구성된 모든 단락의 층차관계를 보여주는 것입니다. 가령, 층차분석은 우리에게 '他穿一件新式白色短袖襯衫(그는 신상 흰색 반소매 셔츠 한벌을 입는다)'이라는 문장은 그 자체뿐만 아니라 '穿一件新式白色短袖襯衫(신상 흰색 반소매 셔츠 한벌을 입는다)', '一件新式白色短袖襯衫(신상 흰색 반소매 셔츠 한벌)', '新式白色短袖襯衫(신상 흰색 반소매 셔츠)', '白色短袖衬衫(흰색 반소매 셔츠)', '短袖衬衫(반소매 셔츠)'이라는 다섯 단락을 더 포함하고 있음을 말해줍니다. 이를 그림으로 나타내면 다음과 같습니다.

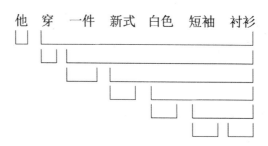

이를 통해 소위 '복잡하다'라고 하는 것도 사실은 '자세'한 것임을 알 수 있습니다. 동일한 것이라도 긍정적으로 표현하는것과 부정적으로 표현하는 것은 차이가 큽니다.

둘째, 중심어 도출과 중심어분석법은 별개이므로 둘을 혼동해서는 안됩니다. 중심어 도출은 내심구조의 핵심을 도출하는 것으로 층차분석과는 모순되지 않으며 함께 진행이 가능합니다. 반면 중심어분석법은 중심어 도출의 내용을 포함하기는 하지만 구가 문장성분이 될 수 있음을 인정하지 않는데, 이는 층차분석의 근본원칙과는 상충합니다. 따라서 이 두 가지 방법은 서로 결합이 불가능합니다.

06
중국어 문법체계

주인 이번에는 제가 토론의 주제를 정하고자 합니다. 지금까지 논의했던 것은 모두 부분적인 문제였습니다. 오늘은 전체를 아우르는 큰 문제, 즉 문법체계의 문제를 토론했으면 하는데, 선생님 생각은 어떻습니까?

손님 적극 찬성합니다. 문법체계에 관해서 자주 들어보기는 했지만 문법체계가 도대체 무엇을 가리키는지는 잘 모르겠습니다. 체계라 함은 이론체계를 가리키는 것입니까?

주인 일반적으로 말하는 문법체계는 대체로 문법사실과 문법규칙의 표현체계를 가리킵니다. 좀 쉽게 말하면, 즉 문법의 틀(구조)을 말하는 것입니다. 문법체계는 문법이론과 무관하다고 할 수는 없지만 문법구조의 본질과 규칙을 밝혀내려는 이론은 아닙니다.

손님 이렇게 큰 주제인데 어디서부터 말을 할까요? 선생님께서 이 주제를 정하신 데는 분명 목적이 있을 것입니다. 그러니 선생님께서 먼저 오늘 토론에서 저와 무엇을 이야기하실지 말씀해 주십시오.

주인 먼저 기존의 중국어 문법체계에 대해 약간의 비판을 한 다음, 이에 비해 좀 더 합리적이고 단순한 문법체계에 대해 간단한 소개를 좀 하고자 합니다.

손님 좋습니다. 그럼 먼저 기존의 문법체계에 대해 이야기를 나누겠습니다. 선생님께서는 기존의 중국어 문법체계에서 가장 중요한 것이 무엇이라고 보십니까?

주인 기존 문법체계는 세 가지 구성요소가 있습니다. 하나는 문장성분에 따라 품사를 결정한다는 견해의 품사관이고, 또 하나는 중심어분석이고, 마지막은 문장을 기본으로 통사법 분석을 진행한다는 견해입니다.

손님 품사와 중심어분석에 대해서는 이미 토론을 하였으니, 세 번째 부분에 대해 설명을 좀 해 주십시오.

주인 네. 문장을 토대로 통사법 분석을 진행한다는 것은 곧 통사법에 대한 모든 분석이 문장의 형식 위에서 이루어진다는 것입니다. 구체적으로 말하면, 각 문장성분들이 모두 '주어-서술어'라는 틀 안으로 들어간다는 것입니다. 가령 목적어, 보어, 부사어는 서술어에 붙어있는 것이고, 관형어는 주어와 목적어에 붙어있는 것으로 봅니다. 저는 리진시(黎錦熙, 1890-1978) 선생님의 『신저국어문법(新著国语文法)』4)에 있는 '문장본위(句本位)'라는 용어가 이러한 견해를 잘 나타낸다고 생각합니다.

손님 그럼 기존 중국어 문법체계는 문장본위 문법체계라고 할 수 있겠군요.

주인 그렇습니다. 문장에서 가장 활발하고 변화가 많은 부분은 서술어이므로 문장본위 문법체계를 채택한 문법서에서 통사부분의 주요내용은 곧 서술어에 대한 논의였습니다. 가령 왕리(王力, 1900-1986)5) 선생님께서 『중국현대문법(中国现代语法)』6)에서 제기하신 능원식(能愿式), 사역식(使成式), 처치식(处置式), 피동식(被动式), 체계식(递系式), 긴축식(紧缩式) 등도 실제로는 모두 서술어의 분류입니다. 『중국어교육문법체계 잠정안(暂拟汉语教学语法系统)』7)에서는 연동식(连动式)과 겸어식(兼语式)을 복잡한 술어라고 칭하기도 했습니다. 이러한 명

....

4) 역자주 : 1924년 商务印书馆에서 처음 출판된 체계적이고 민족적인 현대중국어 문법서.
5) 역자주 : 중국의 저명한 언어학자. 중국현대언어학의 기초를 닦았다.
6) 역자주 : 商务印书馆, 1950. 『마씨문통』 이후 가장 중요한 중국어 문법서로 평가받는다.
7) 역자주 : 1954-1956년에 중국어 문법학계와 중국어교육학계가 공통으로 토론을 통해 제정한 중국어교육문법체계로, 전국 중고등학교에서 보편적으로 사용되었다.

칭 자체가 이 구조들을 문장의 서술어로 보고 있음을 직접 보여주고 있습니다.

손님 명칭은 전체 국면과 관계가 없으며 중요한 것은 실질입니다.

주인 이름이 바르지 않으면 말도 이치에 맞지 않습니다. 명칭도 때로는 실질에 영향을 미칩니다. 연동식과 겸어식을 복잡한 서술어라고 하는 것은 부적합합니다. 이들 구조가 서술어 위치에만 출현하는 것이 아니기 때문입니다. 예를 보겠습니다.

(1) 他们去北极探险。
   그들은 북극으로 모험을 하러 간다.

(2) 去北极探险一定挺有意思。
   북극으로 모험을 하러 가는 것은 분명 아주 재미있다.

(3) 他们打算去北极探险。
   그들은 북극으로 모험을 하러 갈 예정이다.

(4) 去北极探险的人是很勇敢的。
   북극으로 모험을 하러 가는 사람은 용감하다.

따라서 이처럼 서술어가 아닌 위치에 있는 복잡한 서술어를 복술구조(复谓结构)라고 이름을 바꾼 문법서도 있습니다.

손님 분명 하나인 것을 왜 두 가지 것으로 보아 스스로 모순을 자초한 걸까요? 만약 처음에 연동식과 겸어식을 서술어에 갖다 붙이지 않았다면, 즉 서술어에 있는 연동식과 겸어식을 다른 위치에 있는 것과 같은 것으로 보았다면 아무 문제도 없지 않았을까요?

주인 맞습니다. 하지만 선생님께서는 하나만 알고 둘은 모르고 계십니다. 선생님께서 이렇게 말씀하시는 순간 선생님께서는 이미 문장본위 문법체계의 입장에서 벗어나신 것입니다. 서술어 위치에 있는 동사성 구조와 다른 위치(주어, 목적어, 관형어)에 있는 동사성 구조를 구분하여 다른 것으로 보는 것은 문장본위 문법체계의 근본적인 주장입니다.

손님 이러한 주장은 분명 합리적이지 못하군요.

주인 정말 불합리하죠. 하지만 많은 문법서들이 아주 명확한 것에 대해 이처럼 불합리한 설명을 하는 것은 인도유럽어 문법의 영향을 받았기 때문입니다. 문장을 토대로 문법을 설명하는 것이 인도유럽어 문법서의 일관된 방식입니다. 전통적인 인도유럽어 문법뿐만 아니라 변환생성문법, 격문법(case grammar) 등과 같은 현대의 신흥 문법이론도 마찬가지입니다. 이는 인도유럽어 문법구조가 이러한 설명방식의 채택을 허용하였기 (또는 이러한 설명방식의 채택에 적합하기) 때문입니다. 선생님께서 방금 서술어 위치에 있는 동사구조와 다른 위치에 있는 동사구조를 다른 것으로 보는 것이 불합리하다고 하셨는데, 이 비판은 중국어에만 적용되고 인도유럽어에는 적용되지 않습니다.

손님 왜 그렇습니까?

주인 이미 이야기했습니다만, 인도유럽어에서 문장의 구성 원칙과 구의 구성 원칙은 뚜렷한 차이가 있습니다. 영어를 보면, 서술어 자리에 있는 동사구조가 주어나 목적어 위치로 가면 반드시 다른 형식으로 바뀝니다. 형식뿐만 아니라 성질도 달라집니다. 따라서 이 둘을 구분하여 다른 것으로 보는 시각도 일리가 있습니다.

손님 중국어의 상황은 완전히 다르군요.

주인 그렇습니다. 중국어의 동사구조는 어디에 출현하든 형식이 같습니다. 하지만 일부 문법서들은 외국의 문법을 모방하여 중국어에서 원래 구분이 안 되는 것들을 억지로 구분시켜 놓았습니다.

> (5) 开飞机容易。
> 비행기를 조종하는 것은 쉽다.

> (6) 他开飞机。
> 그는 비행기를 조종한다.

예를 들어 위의 두 문장을 분석할 때, 억지로 영문법에 따라 두 문장 속의 '开飞机'가 다르다고 말합니다. (5)에서 '开飞机'는 명사구지만 (6)에서는 '开'와 '飞机'가 이미 각각 서술어, 목적어라는 문장성분으로 바뀌었으므로 다시 결합하여 구가 될 수는 없다는 것입니다. 혹자는 특별히 이를 '용해(熔解)'라고 부르기도 하는데, 구가 문장 속에 들어가게 되면 용해되어 더 이상 구가 아니라는 의미입니다. 정리하면, 동사구는 서술어의 위치에 있을 때는 모두 용해되어 서술어와 그 부속성분(목적어, 보어, 부사어 등)이 되며, 주어(开飞机容易)와 목적어(他喜欢开飞机), 관형어(开飞机的人)의 위치에 있을 때만 여전히 구라고 인정됩니다. 또한 동사구뿐만 아니라 명사구도 용해됩니다. 명사성 수식구조는 문장 속에 들어간 후, 중심어는 주어나 목적어가 되고 수식어는 이들의 부속성분(관형어)이 됩니다.[8]

---

8) 저자주 : 리우스루(刘世儒) 『현대한어문법강의(现代汉语语法讲义)』 121쪽: …… 위에서 말한 각종 유형의 구들은 독립적으로 본 것들로, 즉 문장을 떠나 살펴 본 것들이다. 이들 구가 문장 안에 들어가면 일부는 더 이상 구가 아니라 문장 성분으로 용해된다. 이때 구의 구성성분은 모두 문장의 구성성분이 되고, 이로 인해 문장 안에서 용해되어 원래의 면모가 사라지게 된다. 예를 보자.

"伟大的祖国"站立起来了。 '위대한 조국'이 일어섰다.
我们"爱祖国"。 우리는 '조국을 사랑한다.'

단독으로 보면, '伟大的祖国'과 '爱祖国'은 모두 구이다. 하지만 위 두 문장 안에서 이들은 더 이상 구가 아니다. 왜냐하면, '伟大的祖国'라는 명사구의 중심어인 '祖国'이 문장의 주어가 되고, 구의 관형어인 '伟大' 역시 문장 속 주어의 관형어가 되었기 때문이다. 이때 구의 두 실사는 모두 각각 문장의 성분으로 용해되어 문장 안에서 모습이 사라지게 되었다. 동목구인 '爱祖国'도 역시 마찬가지다. 문장 안에서 동사 '爱'는 술어가 되고, 목적어인 '祖国'도 문장의 목적어가 되어 문장 속으로 용해되어 원래의 모습이 사라졌다.

손님 원래 간단한 일인데 어떻게 이렇게 복잡하게 되었습니까?

주인 바로 이 점으로부터 문장본위 문법체계의 근본적인 모순, 즉 구와 문장성분이라는 두 개념간의 모순을 알 수 있습니다. 이 문법체계는 구라는 것을 인정하면서 또 한편으로는 구가 문장 속에 들어가 문장성분이 될 수 있다는 것은 인정하지 않으려고 합니다. 문장에서 구가 출현했을 때, 어떤 식으로든 이유(예를 들어, '용해' 등)를 찾아 그것이 구가 아님을 증명하려고 하죠.

손님 동사구조가 주어, 목적어, 관형어 위치에 있을 때는 여전히 구라고 인정하지 않습니까?

주인 그것은 부득이하기 때문에 예외로 인정한 것입니다. 원칙적으로 말하면, 문장본위 문법체계는 구가 문장성분이 될 수 있음을 인정하지 않습니다.

손님 그렇다면 예외가 있다는 것은 왜 또 인정했을까요?

주인 여기에는 두 가지 경우가 있습니다. 우리는 앞에서 주술구조는 이심구조여서 중심어를 찾을 수 없고, 병렬구조는 다핵심구조여서 역시 중심어를 도출할 수 없다고 말했습니다. 이 때문에 이 두 구조는 부득이 구라고 볼 수밖에 없습니다. 주어, 목적어, 관형어 위치에 있는 동사구조를 구라고 보는 것은 이들 동사구조의 앞에 주어가 없어서 이 동사를 서술어라고 할 수 없기 때문입니다. '용해'라는 표현을 사용할 수가 없기 때문에 하는 수 없이 구가 문장성분이 된다고 인정한 것입니다. 요컨대, 문장본위 문법체계에서는 구와 문장성분, 중심어 등의 기본개념들 사이의 부조화로 인해 많은 모순이 생겼습니다. 이러한 모순을 해결하기 위해서 구의 '용해'나 품사전환 등의 용어를 생각해낸 것입니다. 또 이 용어들도 도움이 되지 않을 때는 일반적인 규칙 외에 어떤 예외들이 있음을 인정할 수 밖에 없었습니다. 그 결과 체계는 점점 더 복잡해졌습니다. 따라서 문장본위 문법체계는 내부의 모순으로 인해 엄격성이 결여되었고, 동시에 간결성마저 결여되어 좋은 문법체계라고는 할 수가 없습니다.

손님 선생님께서는 처음에 문장성분을 근거로 품사를 결정한다는 관점이 문장본위 문법체계의 한 구성요소라고 말씀하셨는데, 방금은 또 품사의 전환을 말씀하셨습니다. 품사문제와 우리가 지금 논의 중인 구, 문장성분, 중심어 분석 등이 어떤 관계가 있는지 알고 싶습니다.

주인 이 두 가지는 관련이 있습니다. 우리는 영어의 품사와 문장성분 사이에 비교적 단순한 대응관계가 존재한다고 말한 적이 있습니다. 대체로 서술어는 동사와 대응하고, 주어, 목적어는 명사와 대응하며, 관형어는 형용사, 부사어는 부사와 대응합니다. 동사는 반드시 부정사나 분사형식으로 전환된 이후에야 주어, 목적어 자리에 올 수 있는데, 영어에서 이 두 가지 형식

은 모두 명사의 범주에 속합니다. 이는 주어, 목적어가 명사성
성분을 요구한다는 점과 일치합니다. 하지만 중국어는 품사와
문장성분 사이에 이처럼 단순한 일대일 대응관계가 존재하지
않습니다. 하지만 전통문법서는 중국어 품사문제에도 영어의
방식을 그대로 답습하여 주어, 목적어 자리에 있는 동사구조가
이미 명사성 성분으로 바뀐 것으로 보았습니다. 따라서 문장
본위 문법체계에서는 서술어 자리에 있는 동사구조와 주어, 목
적어 자리에 있는 동사구조는 두 가지 차이가 있다고 생각합
니다. 하나는 주어, 목적어 자리에 있는 동사구조는 구이고,
서술어 자리에 있는 동사구조는 모두 문장성분으로 용해되었
다는 것입니다. 또 하나는 서술어 자리의 동사구조만 진정한
동사이며, 주어, 목적어 자리에 있는 동사구조는 모두 명사화
되었다는 것입니다. 사실 이러한 차이는 모두 아무런 형식적
인 표지도 없으며 황당한 주장입니다. 그 결과는 다음과 같습
니다. 첫째는 구의 존재는 인정하지만, 문장 속으로 들어간 후
에 구는 모두 문장성분으로 용해되며 용해되지 않는 것은 예
외라는 것입니다. 둘째는 단어마다 품사가 정해져있다(词有定
类)는 것은 인정하지만, 문장 속으로 들어간 후에는 품사가 변
환하여 '문장에 따라 품사가 변하기(依句辨品)' 때문에 실제로
는 단어마다 고정된 품사가 없다(词无定类)는 것입니다.

손님 문장본위 문법체계의 실질과 단점에 대해서는 이미 명확하게
    말씀해 주셨습니다. 이제 선생님께서 소개하시려는 또 다른
    문법체계에 대해 말씀해 주십시오.

주인 중국어는 문장의 구성 원칙과 구의 구성 원칙이 기본적으로
같기 때문에, 우리는 구를 기초로 통사법을 묘사함으로써 구가
기본이 되는 문법체계를 만들 수가 있습니다. 이는 곧 각종 구
(주술구조, 술목구조, 술보구조, 수식구조, 병렬구조, 연동구조
및 개사구조, '的'자구조 등의 허사구조)를 추상적인 통사구조
로 하여 이들의 내부구조와 각각의 구를 또 하나의 전체로 하
여 더욱 큰 구에서의 분포상황을 묘사할 수 있다는 것입니다.
즉, 이들을 구체적인 문장과 연결시키거나 특히 문장의 어느
한 성분으로 고정시키지 않는 것이죠. 만약 우리가 각종 구의
구조와 기능에 대해 자세하고 정확하게 묘사를 한다면, 문장의
구조도 사실 정확하게 묘사가 된 것입니다. 왜냐하면 문장도
결국 독립된 구에 불과하기 때문입니다. 이러한 견해에 따르
면, 중국어에서 각 문법단위들 간의 관계는 전통적인 인도유럽
어 문법체계에서 그들의 관계와는 큰 차이가 있습니다. 이는
다음 그림과 같이 나타낼 수 있습니다.

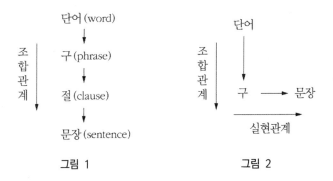

그림 1   그림 2

인도유럽어에서(그림 1), 단어, 구, 절, 문장 사이의 관계는 조합관계(composition), 즉 부분과 전체의 관계입니다. 문장은 절로 구성되고, 절은 구로 구성되며, 구는 단어로 구성됩니다. 하지만 구가 기본이 되는 문법체계(그림 2)에서는 단어와 구 사이만 조합관계(구는 단어로 구성)이고, 구와 문장 사이는 일종의 실현의 관계(realization)입니다.

손님 실현의 관계란 무엇을 말합니까?

주인 이러한 문법체계는 구를 추상적이고 일반적인 것으로 보고, 문장(문장 전체와 그 부분을 모두 포함)은 구체적이고 특수한 것으로 봅니다. 구의 내부구조와 문법기능을 묘사할 때, 그것이 문장이거나 문장을 구성하는 한 부분인지는 고려하지 않고 이를 추상적인 통사구조로만 간주합니다. 하지만 구는 언제든지 단독으로 문장이 되거나 문장을 구성하는 부분이 될 수 있습니다. 이 과정이 바로 추상적인 구가 구체적인 문장 혹은 문장의 일부분으로 '실현'되는 과정입니다. 이러한 관점에 따르면, 구와 문장의 관계는 부분과 전체의 관계가 아니라 추상적인 문법구조와 구체적인 '말(话)' 사이의 관계입니다.

손님 구체적인 예를 들어 설명해주시면 좋을 것 같습니다.

주인 앞에서 든 '去北极探险'을 예로 들겠습니다. 이는 구로, 우리는 그 구조(이는 '去北极'와 '探险'의 두 부분으로 구성되는 연동구조)와 문법기능(동사성)만을 강조할 뿐, 이것이 문장인지 문장을 구성하는 일부인지에 대해서는 아예 생각을 하지 않습니다. 하지만 이 구는 다음 예처럼 언제든지 구체적인 말이 되어 하나의 독립된 문장이 될 수 있습니다.

　(7) 去北极探险!
　　　북극으로 모험을 하러 가자.

또는 앞의 예(1)~(4)의 '去北极探险'처럼 문장을 구성하는 일부가 될 수도 있습니다. 우리는 (1)~(4)와 (7)의 '去北极探险'을 동일한 구가 서로 다른 문법환경에서 '실현'되었다고 말합니다.

손님　문장본위 문법체계와 상대적으로, 이처럼 구가 기본이 되는 문법체계는 구본위 문법체계라고 부를 수 있을 듯합니다. 이러한 문법체계가 구와 문장 간의 모순을 어떻게 해결할 수 있는지 말씀해 주십시오.

주인　이 체계에서는 문장성분이라는 개념이 아예 없기 때문에 그러한 모순이 존재하지 않습니다.

손님　문장의 존재를 인정하는데 어떻게 문장성분의 존재를 인정하지 않을 수가 있습니까?

주인　이러한 문법체계에서 문장은 모두 구로 이루어진 것으로 봅니다. (하나의 단어로 이루어진 문장은 일종의 특수한 경우인데,

이는 항수가 1인 구로 이루어진 문장으로 설명할 수 있습니다) 때문에 문장성분은 사실 모두 구의 성분에 불과합니다. 예를 들어, '开飞机很容易'라는 문장은 세 개의 구를 포함하는데, (1) 술목구인 '开飞机'와 (2) 수식구인 '很容易', 그리고 (3) 주술구인 '开飞机很容易'가 그것입니다. 술어 '开'와 목적어 '飞机'는 구(1)의 성분이고, 부사어 '很'과 중심어 '容易'는 구(2)의 성분입니다. 마찬가지로 주어 '开飞机'와 서술어 '很容易'은 역시 구(3)의 성분으로 보아야 합니다. 즉, 구본위의 문법체계에서는 주어, 서술어, 목적어, 보어, 관형어, 부사어 등을 모두 구의 성분으로 봅니다. 이들과 문장은 간접적인 관계만 있을 뿐 직접적인 관계는 없기 때문에 이를 문장성분이라고 부를 수는 없습니다.

손님 어쩐지 선생님께서는 이들을 줄곧 통사성분(句法成分)이라고 부르신다 했지요. 이제 보니 일부러 문장성분이라는 명칭을 피하신 것이군요. 그렇다면 이러한 문법체계의 장점은 어디에 있습니까?

주인 이 체계는 적어도 문장본위 문법체계의 단점들은 없습니다. 우선 내부가 모순이 없이 일치합니다. 다음으로 문장본위 문법체계에 비해 훨씬 간결합니다.

손님 간결한 것을 큰 장점이라고 할 수는 없는 것 같은데요.

주인 아닙니다. 하나의 이론이나 체계를 평가할 때 간결성은 엄밀

성과 함께 아주 중요한 기준이 됩니다.

손님 구본위 문법체계의 간결성은 어디에서 나타납니까?

주인 적어도 다음 세 가지 방면에서 나타납니다. 첫째, 구를 기본으로 통사법을 묘사하기 때문에 구의 구조와 기능을 정확히 설명하면 문장의 구조도 기본적으로 명확해집니다. 구와 문장 둘로 나누어서 따로 설명할 필요가 없습니다. 둘째, 구는 어느 위치에 출현하더라도 구조와 기능에 변화가 없습니다. 문장본위 문법체계처럼 구의 용해와 품사전환이라는 표현을 사용하여 모순을 보완할 필요가 없습니다. 셋째, 문장의 구조를 분석할 때, 층차관계와 구조관계가 명확해집니다. 예를 들어보겠습니다.

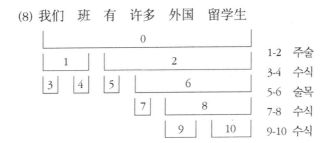

이것은 구본위 체계에 따라 분석한 것입니다. 이 그림에서는 전체 문장의 층차구조가 아주 명확하게 나타나며, 각 구성성분 내부의 구조관계와 구성성분들 간의 구조관계도 하나하나 설명함으로써 전혀 누락된 것이 없습니다. 만약 이 문장을 문장본위 문법체계로 분석한다면 상황은 완전히 다를 것입니다. 『중국어교육문법체계 잠정안(暂拟汉语教学语法系统)』에서는 이러한 문형을 다음과 같이 분석했습니다.

관형어-주어 ‖ 서술어-관형어-관형어-목적어

층차관계나 구조관계 모두 설명이 부족하고 명확하지 않습니다. 이러한 대비를 통해 두 체계 가운데 어느 것이 더 나은지는 확실해졌는데, 사실 그 원인은 간단합니다. 구본위 문법체계는 중국어 현실에 부합하기 때문에 간결하고 자연스러운 반면, 문장본위 문법체계는 인도유럽어 문법에 중국어를 억지로 끼워 맞춤으로써 서로 맞지 않아 번잡하고 억지스러워 보이는 것입니다.

손님 선생님 말씀대로 구본위 문법체계에서 문장은 어떠한 지위도 없어서, 구에 대해서 설명을 하고 나면 문장에 대해서는 더 이상 설명할 필요가 없는 것 같습니다.

주인 그렇게 말할 수는 없습니다. 저는 단지 중국어 문장의 구성 원칙과 구의 구성 원칙이 일치함을 강조할 뿐입니다. 문장의 구조가 사실상 곧 구의 구조인 것입니다. 하지만 구와 문장은 결국 다르기 때문에 한데 섞어서 말을 할 수는 없습니다. 따라서 구본위의 문법체계를 세울 때는 다음 두 가지 문제를 생각하지 않을 수 없습니다. (1) 모든 구가 단독으로 문장이 될 수 있는가의 문제와 (2) 모든 문장이 구로 환원될 수 있는가, 즉 더 큰 구의 부분이 될 수 있는가의 문제입니다. (1)에 대한 대답은 부정적입니다. 왜냐하면 구도 다른 문법단위와 마찬가지로 의존과 독립의 구분이 있기 때문입니다. V+了+O(吃了饭/打了电话)나 V+C+O(吃完饭/拿出一本书)등과 같은 의존적인 구는 당연히 단독으로 문장이 될 수 없습니다.

손님 두 번째 문제를 제기한 의미는 어디에 있습니까?

주인 만약 구로 환원될 수 없는 문장이 있다면, 구의 구조에 대한 묘사만으로는 모든 문장을 설명할 수 없으며 일부 문장은 문장의 각도에서만 묘사가 가능합니다. 그런데 우리의 연구 부족으로 인해 이 두 번째 문제에 답을 하는 데는 어려움이 있습니다. 하지만 분명히 일부 문장은 구로 환원될 수 없는데, 이의 가장 분명한 예는 이른바 '도치문(易位句)'입니다. 예를 보겠습니다.

  (9) 他走了, 就。
      그는 갔다. 바로.

 (10) 放假了吗, 你们?
      방학했니, 너희들?

 (11) 他骑走了, 把车。
      그가 타고 갔다. 자건거.

그 밖에 어기사 '吧, 呢, 吗'가 있는 문장도 역시 구로 환원되기 어렵습니다. 하지만 이러한 문장이라도 이를 구성하는 부분들은 여전히 구의 구성 원칙에 부합합니다.

중국어 문법에 관한 대담

07
형식과 의미

손님 그동안 몇 차례의 논의를 통해 선생님께서 제게 주신 느낌은 형식의 기능을 특히 강조하셨다는 것입니다. 품사분류는 단어의 의미가 아닌 분포만을 근거로 삼아야 한다든지 구의 구조 유형을 결정하는 것도 동작주와 수동자의 관계가 아닌 형식만을 근거로 삼아야 한다고 말씀하신 것들이 그 예입니다. 제가 보기에 선생님께서는 의미에 대해서는 소홀하시고 지나치게 형식을 강조하신 것이 아닌가 하는 생각이 듭니다.

주인 언어는 형식과 의미 두 방면을 포함합니다. 문법연구의 최종 목적은 바로 문법형식과 문법의미 사이의 대응관계를 명확히 밝히는 것입니다. 따라서 원칙적으로 말하면 문법연구를 함에 있어 형식과 의미를 결합해야 합니다. 하지만 이 말은 하기는 쉬어도 실천하기는 어려운데, 의미 따로 형식 따로 설명함으로써 둘 사이에 내재적인 연결이 없는 경우가 많습니다. 이는 '혼합(揉合)'이지 '결합(结合)'이 아닙니다. 진정한 결합은 형식과 의미가 서로 스며들게 해야 합니다. 형식을 말할 때도 의미의 검증을 받을 수 있고, 의미를 말할 때도 형식의 검증을 받을 수 있어야 합니다.

손님 선생님께서는 단어의 분포만을 근거로 품사를 결정하시는데, 어떻게 의미의 검증을 받을 수 있을까요?

주인 단어의 분포를 근거로 결정한 품사는 의미상으로도 실제로 공통점이 있습니다. 이것이 바로 검증입니다. 전에 들었던 예를 보면 '金, 银, 铜, 铁, 锡'의 다섯 단어는 분포의 차이로 인해 두 종류로 나뉩니다. '铜, 铁, 锡'은 명사이고, '金'과 '银'은 구별사입니다. 이 두 종류의 단어는 분포에서의 차이뿐 아니라 의미에서도 서로 대립됩니다.

손님 '金, 银'과 '铜, 铁, 锡'은 모두 금속의 명칭인데 어떻게 대립됩니까?

주인 '铜, 铁, 锡'은 금속의 명칭입니다. 하지만 '金, 银'은 '金子, 银子'처럼 금속의 명칭이 아니라 일종의 분류기준입니다. 따라서 우리는 '*这是金', '*那是银'이라고 말할 수 없고, '金镯子(금팔찌)'나 '银镯子(은팔찌)'(镯子에 대한 분류), '金葫芦(금조롱박)'나 '银葫芦(은조롱박)'(葫芦에 대한 분류)라고 말해야 합니다. 왜냐하면 구별사는 의미상의 분류기준을 나타내므로 주로 대응쌍이나 대응그룹을 형성하기 때문입니다. 예를 들면, '金 - 银(금 - 은), 男 - 女(남 - 여), 雌 - 雄(암 - 수), 棉 - 夹 - 单(솜 - 겹 - 홑), 西式 - 中式(서양식 - 중국식), 慢性 - 急性(만성 - 급성), 国营 - 私营(국영 - 민영), 民用 - 军用(민간용 - 군대용), 长期 - 短期(장기 - 단기), 大型 - 小型 - 微型(대형 - 소형 - 초소형)' 등이 이에 해당됩니다. 우리는 분포에 따라 '金, 银'과 '铜, 铁, 锡'의 두 종류로 나누었지만, 이러한 분류는 또 의미적으로도 이미 검증을 받았습니다. 만약 우리가 처음부터 피상적인 인식에서 출발하여 이 다섯 개의 어휘가 모두 금속을 가리키고 의미적으로도 공통점이 있다고 여겨 이들을 한 종류로 본다면, 이러한 의미분석은 잘못된 것이므로 형식적으로 검증을 받을 수 없게 됩니다. ('金, 银'과 '铜, 铁, 锡'의 분포 상황은 다릅니다.) 사실 형식상의 검증을 얻지 못하는 의미분석은 문법연구에 있어서 모두 가치가 없는 것입니다.

손님 문법서들은 주로 의미에 따라 품사 내에서 다시 소부류로 분류를 진행합니다. 사람을 가리키는 명사, 동작을 나타내는 동사, 심리활동을 나타내는 동사 등으로 말입니다. 이러한 소부류도 역시 형식의 검증을 받아야 합니까?

주인 대부류든 소부류든 형식의 검증을 받지 않으면 가치가 없습니다. 예를 들어, 동사에도 '卖(팔다), 送(주다), 还(갚다), 赏((윗사람이 아랫사람에게)주다), 嫁(시집가다), 递(넘겨주다), 归还(반환하다), 转交(전달하다), 遗传(유전하다)' 등과 같이 수여

(给予)의 의미를 포함하는 동사도 있고, '唱(노래하다), 睡(자다), 看(보다), 抢(빼앗다), 骗(속이다), 买(사다), 沏((마시는 차 따위)타다), 商量(의논하다), 琢磨(갈다. 생각하다)' 처럼 그렇지 않은 동사도 있습니다. 이처럼 의미에 따라 분류한 소부류라도 형식상의 근거가 있는데, 그것은 수여의 의미를 포함하는 동사는 모두 '给＋N_1＋N_2' 구조 앞에 출현할 수 있다는 것입니다. 예를 보겠습니다.

> 卖给他一斤鱼
> 그에게 생선 한 근을 팔았다

> 送给我一本书
> 그에게 책 한 권을 선물했다

> 还给他五十块钱
> 그에게 50위안을 갚았다

> 嫁给他一个女儿
> 그에게 딸 하나를 시집보냈다

> 遗传给他一种病
> 그에게 병 하나를 물려주었다

반면 수여의 의미를 포함하지 않는 동사는 모두 이러한 구조에 출현할 수 없습니다. '*唱给我一个歌, *买给我一件毛衣, *沏给我一杯茶'는 모두 비문입니다. 이러한 형식상의 차이는 간혹 역으로 의미만으로는 확정하기 어려운 문제에 대해 판단

중국어 문법에 관한 대담

을 내릴 때 도움이 됩니다. 예를 들어, 동사 '写'는 수여의 의미를 포함하지 않는 듯합니다. 때문에 다음과 같이 말할 수는 없습니다.

*他写给我一副春联。

하지만 또 다음 문장은 성립합니다.

他写给我好几封信。
그는 나에게 편지를 여러 통 썼다.

이러한 형식상의 대립은 우리에게 '写春联(춘련을 쓰다)'에서의 '写'는 수여의 의미가 없지만, '写信(편지를 쓰다)'에서의 '写'에는 수여의 의미가 있음을 말해줍니다. 사실 이러한 현상은 이해하기가 어렵지 않습니다. '写'가 '信'과 결합할 때는 수신인의 존재를 내포하고 있기 때문에, 이때 '写'는 수여의 의미를 획득하게 되는 것입니다.

손님 그러고 보니 '卖, 送, 还, 赏, 嫁'와 '唱, 睡, 看, 抢, 买' 등을 구분하는 근거를 의미라기보다 형식이라고 하는 것이 나아 보입니다.

주인 맞습니다. 하지만 형식과 의미가 진정으로 결합할 때는 두 영역이 서로 스며들고 검증하게 되면서 실제로 주객을 구분하는 것이 쉽지 않습니다.

손님 선생님께서는 형식의 검증을 받지 못한 의미분석은 가치가 없다고 하셨습니다. 저는 만약 정말 의미상의 차이가 있다면 형식상에도 분명 어느 정도 나타날 것으로 생각합니다. 선생님 생각은 어떠신가요?

주인 아마도 그럴 겁니다. 그러나 아직 형식상의 차이를 발견하지 못했을 경우에는 이러한 의미분석이 정말로 가치가 있는지를 판단할 방법이 없습니다.

손님 위에서 토론한 것은 품사의 문법의미에 관한 문제입니다. 그렇다면 문법구조의 의미와 형식 사이의 관계에 대해 다시 한 번 말씀해 주시겠습니까?

주인 상황은 마찬가지입니다. 우리가 문법구조의 의미에 대해 어떤 판단을 내릴 때는 형식상의 검증을 찾을 수 있어야 합니다. 예를 들어 '跟(~와)'과 '一样(같다)'이 연용 할 때 크게 다음 두 가지 구조가 있습니다.

A	B
这种苹果跟那种一样 이 사과는 저 종류와 같다	脸色跟纸一样 안색이 종이와 같다
里头跟外头一样 안과 밖이 같다	这儿的耗子跟猫一样 이곳의 쥐는 고양이와 같다

이 두 구조가 나타내는 의미는 다릅니다. A는 실제의 비교로,

두 가지 상황이 동일함을 나타냅니다. 반면 B는 수사적인 비유로, 두 가지 상황이 유사함을 나타냅니다. 즉 '这种苹果跟那种一样'은 두 가지 사과가 같음을 말하고, '脸色跟纸一样'은 종이로 안색이 창백함을 비유하는 것으로, 일종의 과장 표현입니다. 이러한 A와 B의 의미상의 차이는 형식상으로도 검증을 받을 수 있습니다. 첫째, A는 강세가 '一样'에 있으며, B는 강세가 '跟'자 뒤의 명사에 있습니다. 둘째, B의 '跟'은 '像'으로, '一样'은 '似(shi)的'로 바꿀 수가 있습니다. 다시 말해, 이러한 구조는 다음과 같이 네 가지의 서로 다른 조합을 만들 수 있습니다.

这儿的耗子跟猫一样
이곳의 쥐는 고양이와 같다

这儿的耗子跟猫似的
이곳의 쥐는 고양이 같다

这儿的耗子像猫一样
이곳의 쥐는 마치 고양이 같다

这儿的耗子像猫似的
이곳의 쥐는 마치 고양이 같다

어느 것이든 강세는 모두 '跟' 혹은 '像' 뒤의 명사에 있습니다. B와 달리 A에서 '跟'은 '像'으로 바꿀 수 없고, '一样'도 역시 '似的'로 바꿀 수 없습니다.

손님 그렇다면 '她跟孩子一样(그녀는 아이와 같다)'은 어느 부류에 포함시켜야 합니까?

주인 강세가 '一样'에 있을 때는 비교를 나타내며, 의미는 그가 어떤 부분에서 아이와 동일하다는 것입니다. 이때는 A류입니다. 반면 강세가 '孩子'에 있을 때는 비유를 나타내며, 의미는 그가 아이 같다는 것입니다. 이때는 B류입니다. 이 문장은 A, B 두 종류의 구조가 종합된 결과이므로 두 가지 의미가 있습니다. 중의 현상은 종종 우리에게 구조상의 차이를 발견하게 하기 때문에, 중의 현상에 대한 분석은 문법연구에서 중요한 의미를 가집니다. 문법형식과 문법의미 사이의 관계는 문법연구의 근본적인 문제입니다. 최근 언어학은 빠르게 발전하고 있지만 이 분야에 대한 우리의 지식은 아직 많이 부족합니다. 제가 이번 몇 차례의 토론에서 말한 견해들은 저의 좁은 식견일 뿐이며 잘못된 부분 또한 분명 많을 것입니다. 선생님의 비평과 질정을 바랍니다.

손님 제가 방금 선생님께서 의미에 대해 경시하신 것 같다고 비평하였는데, 이제 보니 제 비평이 의미가 없어졌습니다. 이번 몇 차례 토론은 너무나 유익했습니다. 정말 감사드립니다. 앞으로도 기회가 된다면 선생님께 가르침을 청하겠습니다.

| 지은이 소개 |

주더시 朱德熙, 1920~1992

중국의 저명한 교육자, 문법학자, 고문자학자, 언어학자. 1920년 江苏省 苏州 출
생. 1939년 쿤밍(昆明)의 시난리엔허(西南聯合)대학 물리학과 입학, 중어중문학과
로 전과함. 졸업 후 쿤밍중파(昆明中法)대학, 칭화(清华)대학, 베이징(北京)대학
교수, 미국 Washington University 초빙교수, Stanford University 특별 초청교수 등
역임. 중국언어학회 회장, 세계한어교학회 회장, 중국고문자연구회 이사, 국무원
학위위원회 위원 등 학계와 정계의 주요 요직을 두루 역임. 고문자학, 고대유물
고증학, 현대중국어문법 등 중국 언어학 다방면에 걸쳐 한 획을 긋는 많은 저술
활동을 함.
주요논저로는 『语法修辞讲话』(吕叔湘, 朱德熙, 中国青年出版社, 1979), 『现代汉语语
法研究』(商务印书馆, 1980), 『语法讲义』(商务印书馆, 1982年), 『语法答问』(商务印书馆,
1985), 『语法丛稿』(上海教育出版社, 1990), 「说"的"」(『中国语文』1961年 第十二期) 등이
있다.

| 옮긴이 소개 |

이선희

이화여자대학교, 북경사범대학교와 중국사회과학원에서 현대중국어문법, 중국 언
어학을 공부한 후 현재 계명대 중국어문학전공 부교수로 재직하고 있다. 중국어문
법, 어휘, 언어학 등의 방면에 관심을 가지고 공부를 하고 있다.

중국어 문법에 관한 대담 语法答问

초판 인쇄 2018년 6월 10일
초판 발행 2018년 6월 20일

지 은 이 | 주더시(朱德熙)
옮 긴 이 | 이선희
펴 낸 이 | 하운근
펴 낸 곳 | 學古房

주   소 | 경기도 고양시 덕양구 통일로 140 삼송테크노밸리 A동 B224
전   화 | (02)353-9908 편집부(02)356-9903
팩   스 | (02)6959-8234
홈페이지 | http://hakgobang.co.kr
전자우편 | hakgobang@naver.com, hakgobang@chol.com
등록번호 | 제311-1994-000001호

ISBN   978-89-6071-759-6 93720

값 : 10,000원

이 도서의 국립중앙도서관 출판예정도서목록(CIP)은 서지정보유통지원시스템 홈페이지
(http://seoji.nl.go.kr)와 국가자료종합목록시스템(http://www.nl.go.kr/kolisnet)에서 이용하
실 수 있습니다. (CIP제어번호 : CIP2018026324)